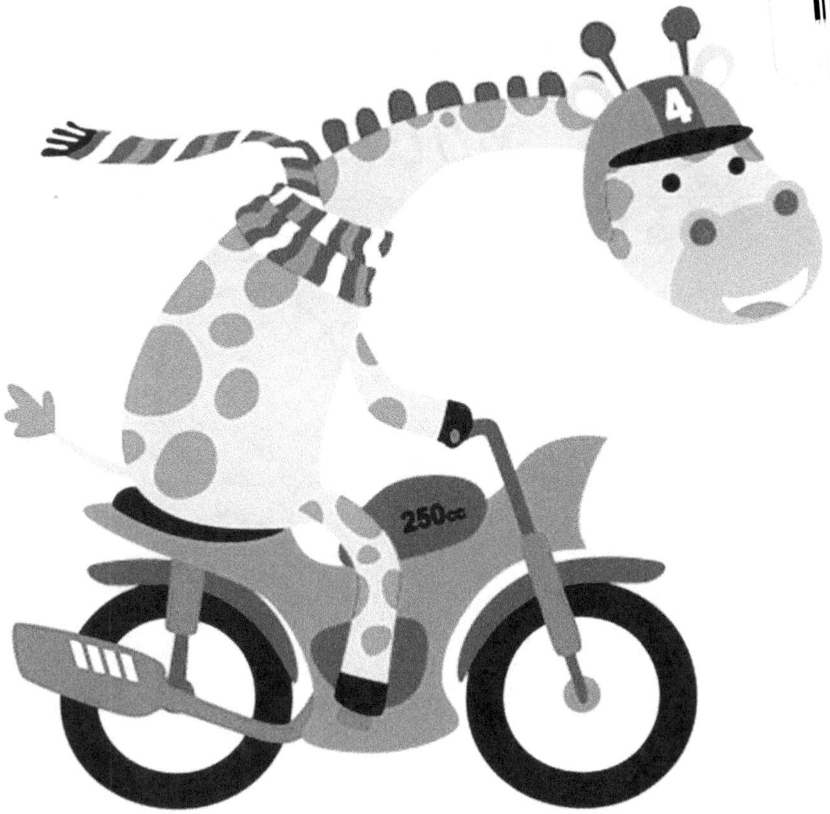

This Book Belongs To:

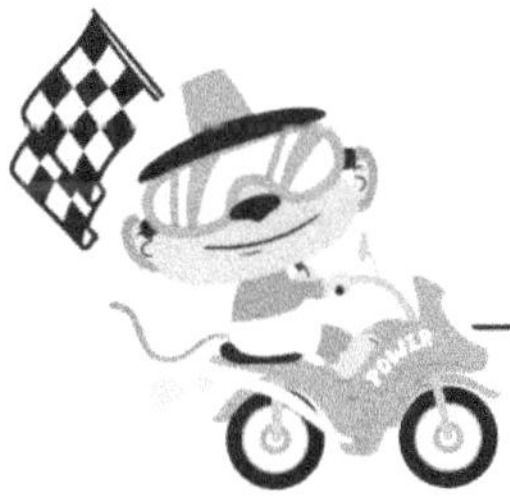

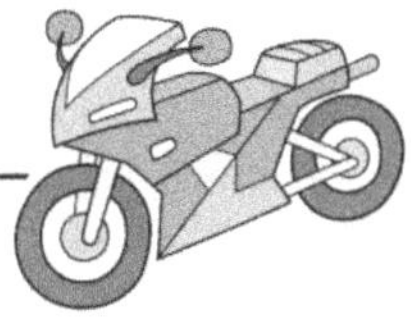

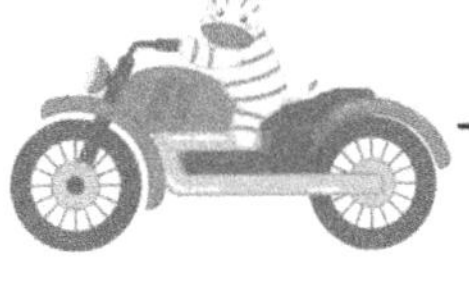

Test Your Color

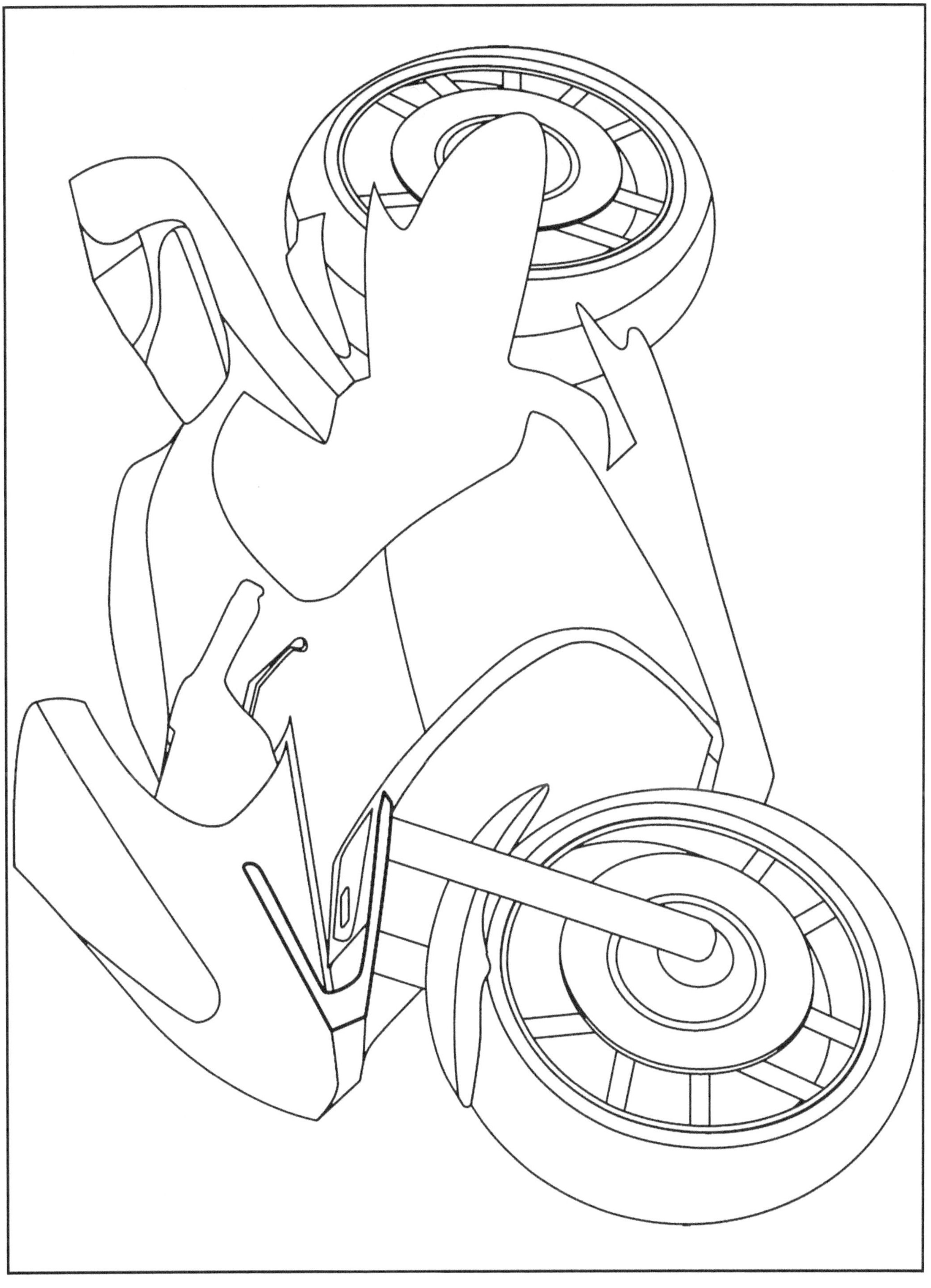

Test Your Color

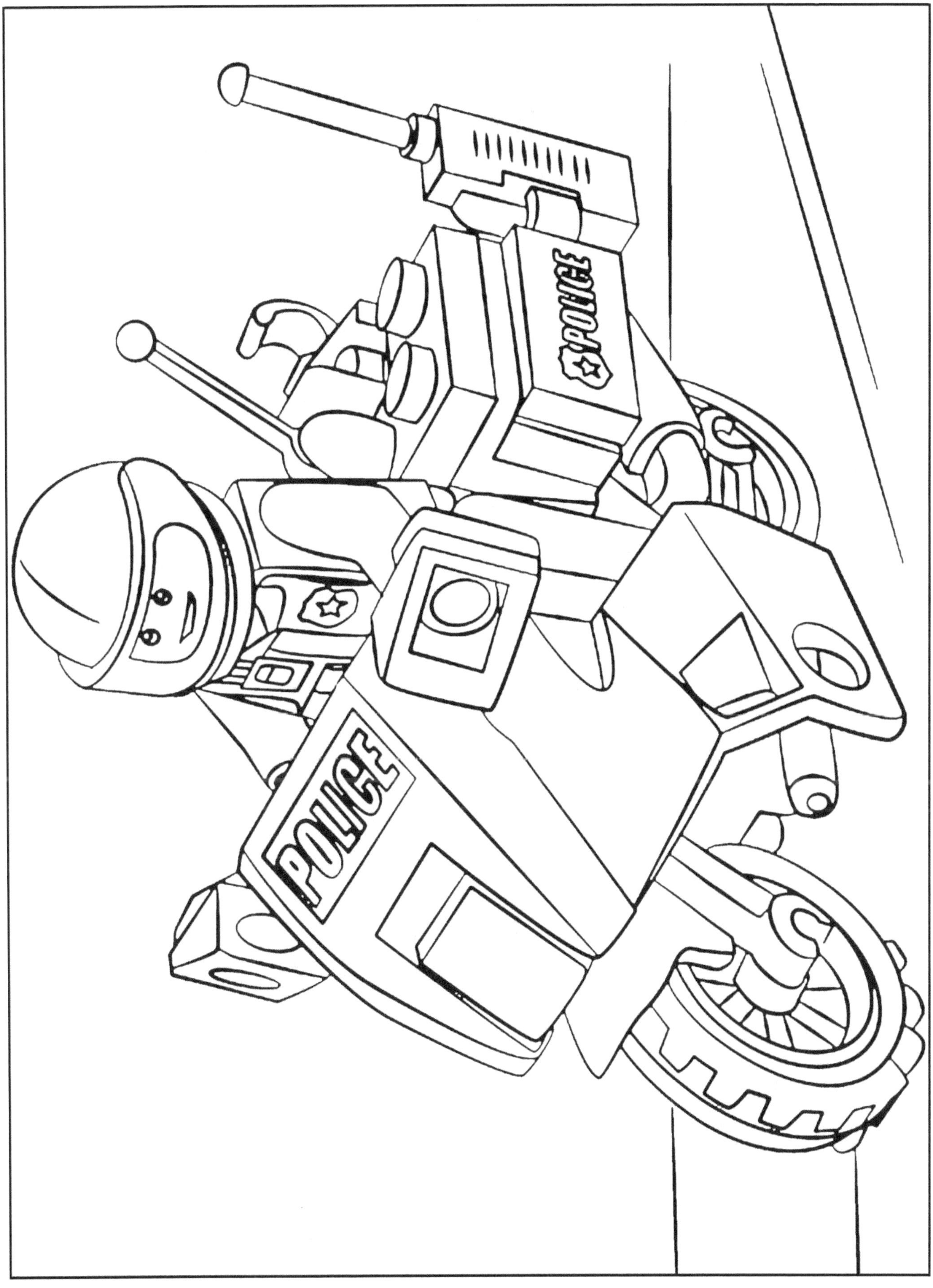
POLICE
POLICE
POLICE

Test Your Color

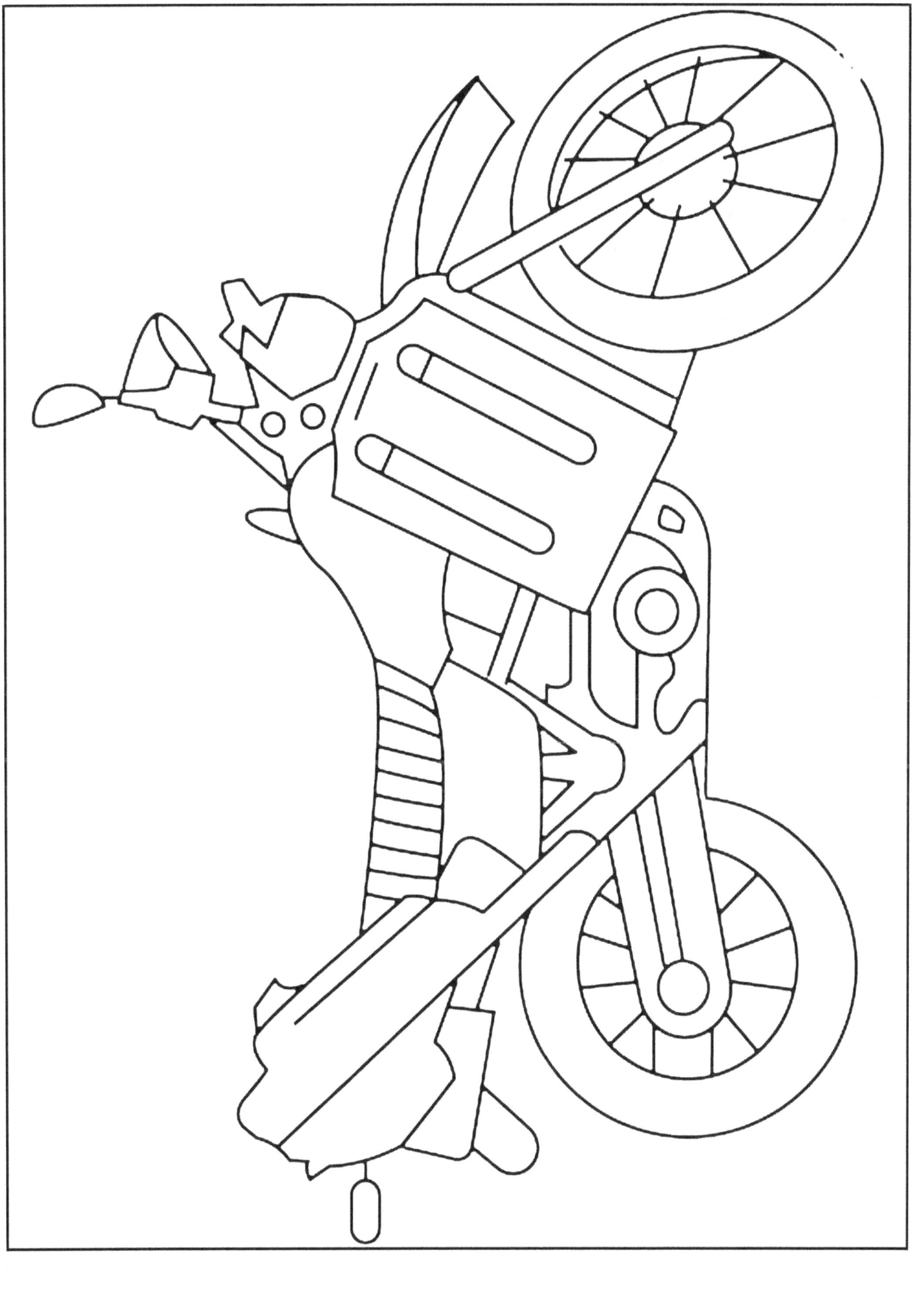

Test Your Color

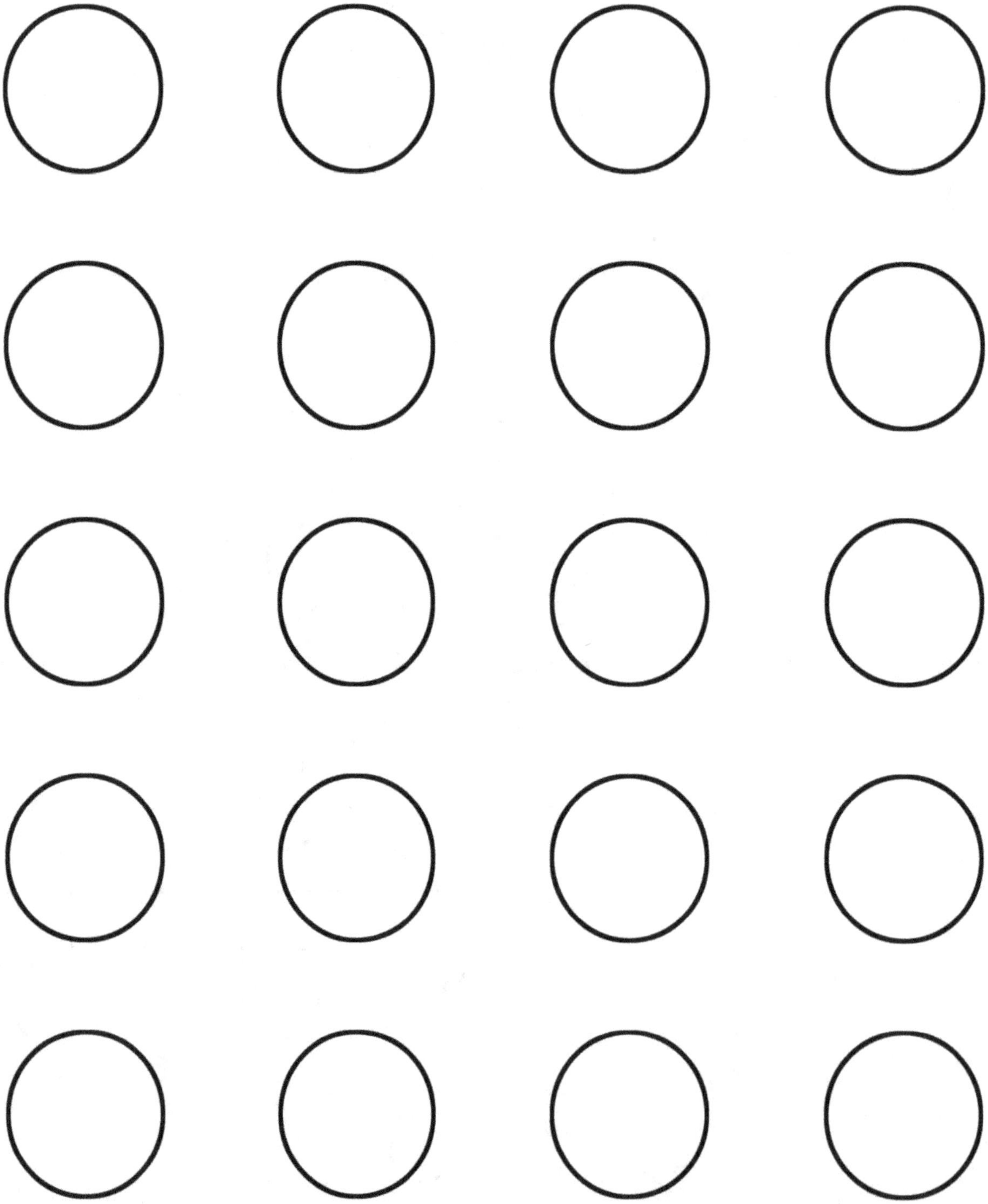

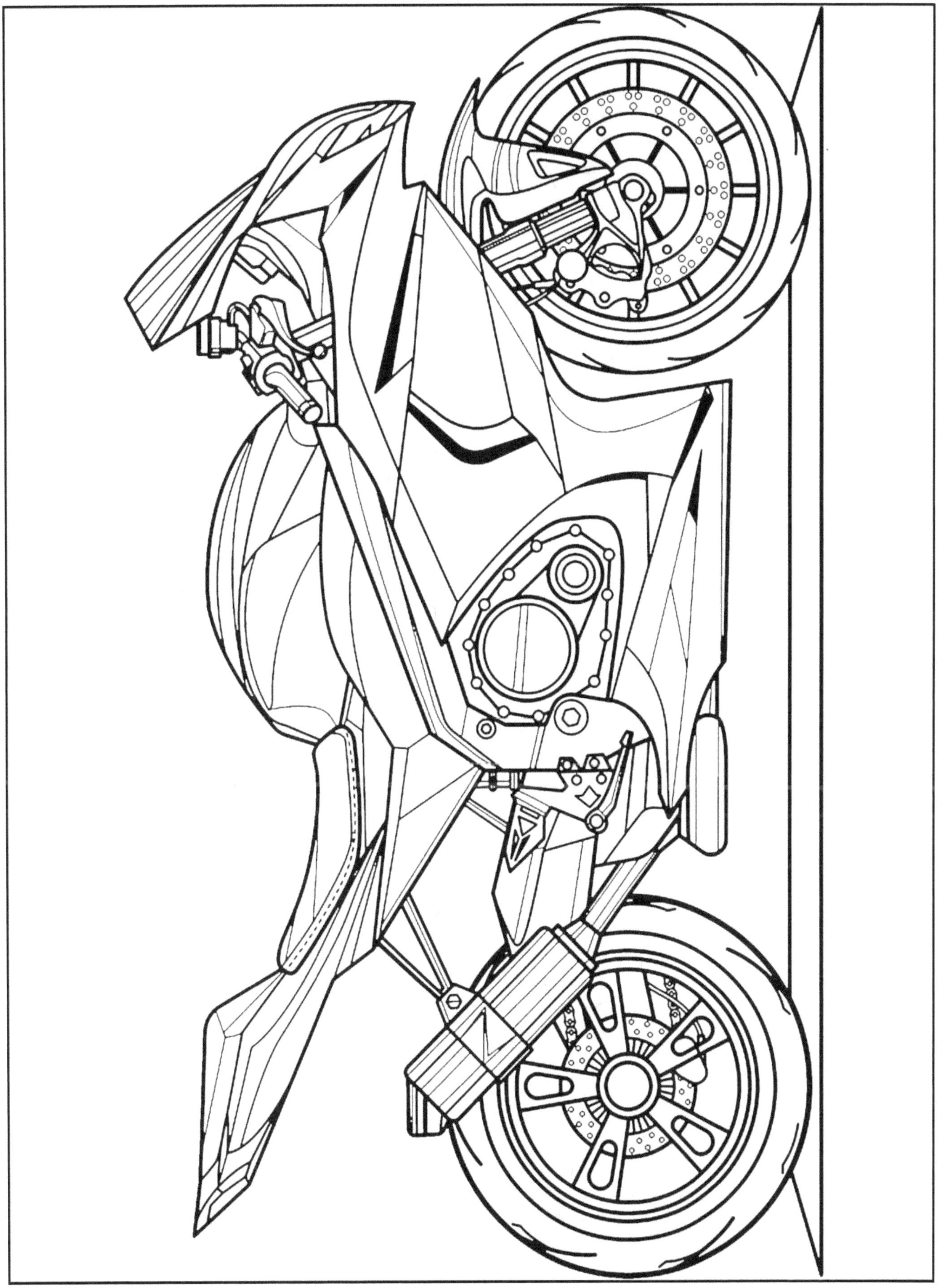

Test Your Color

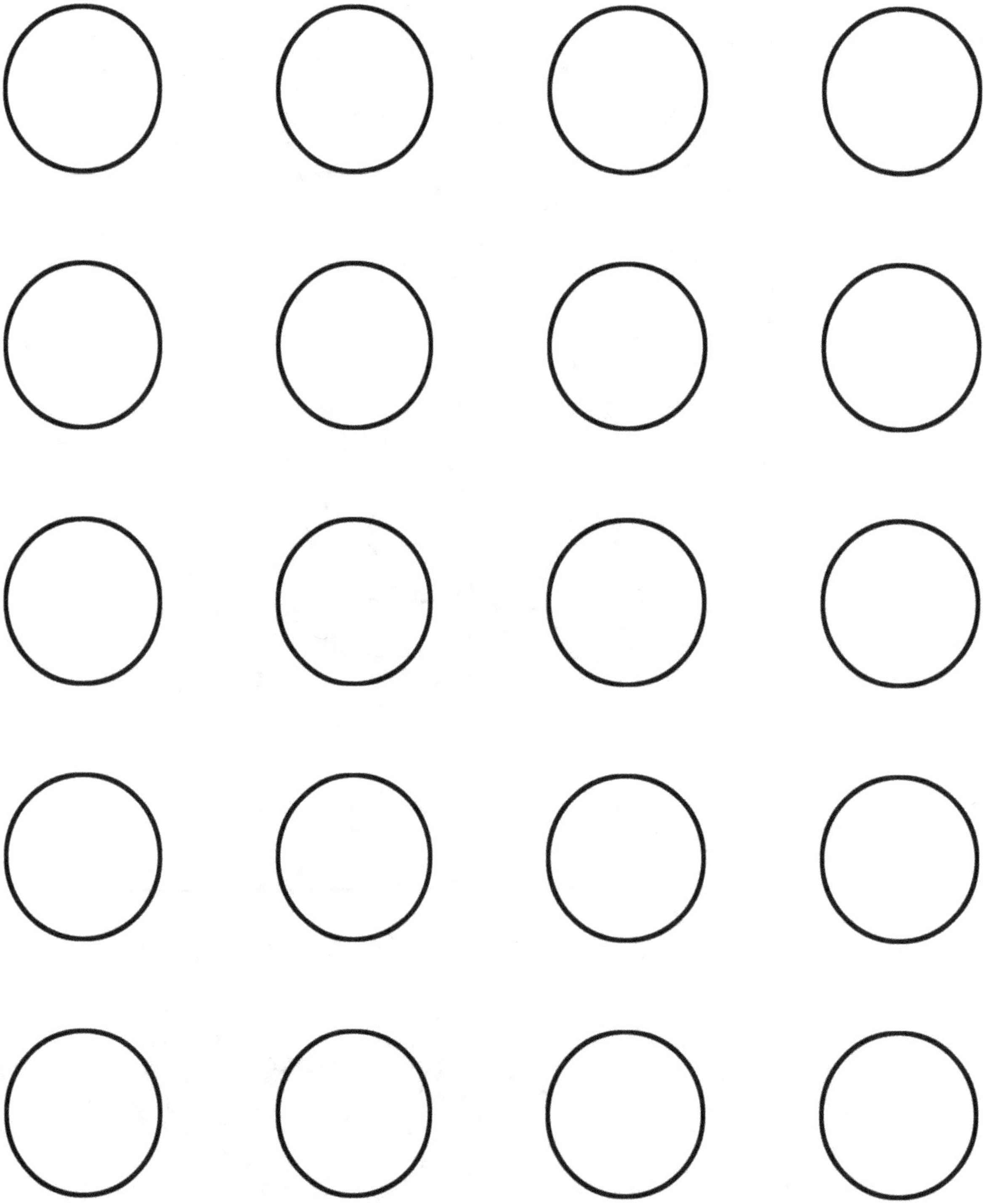

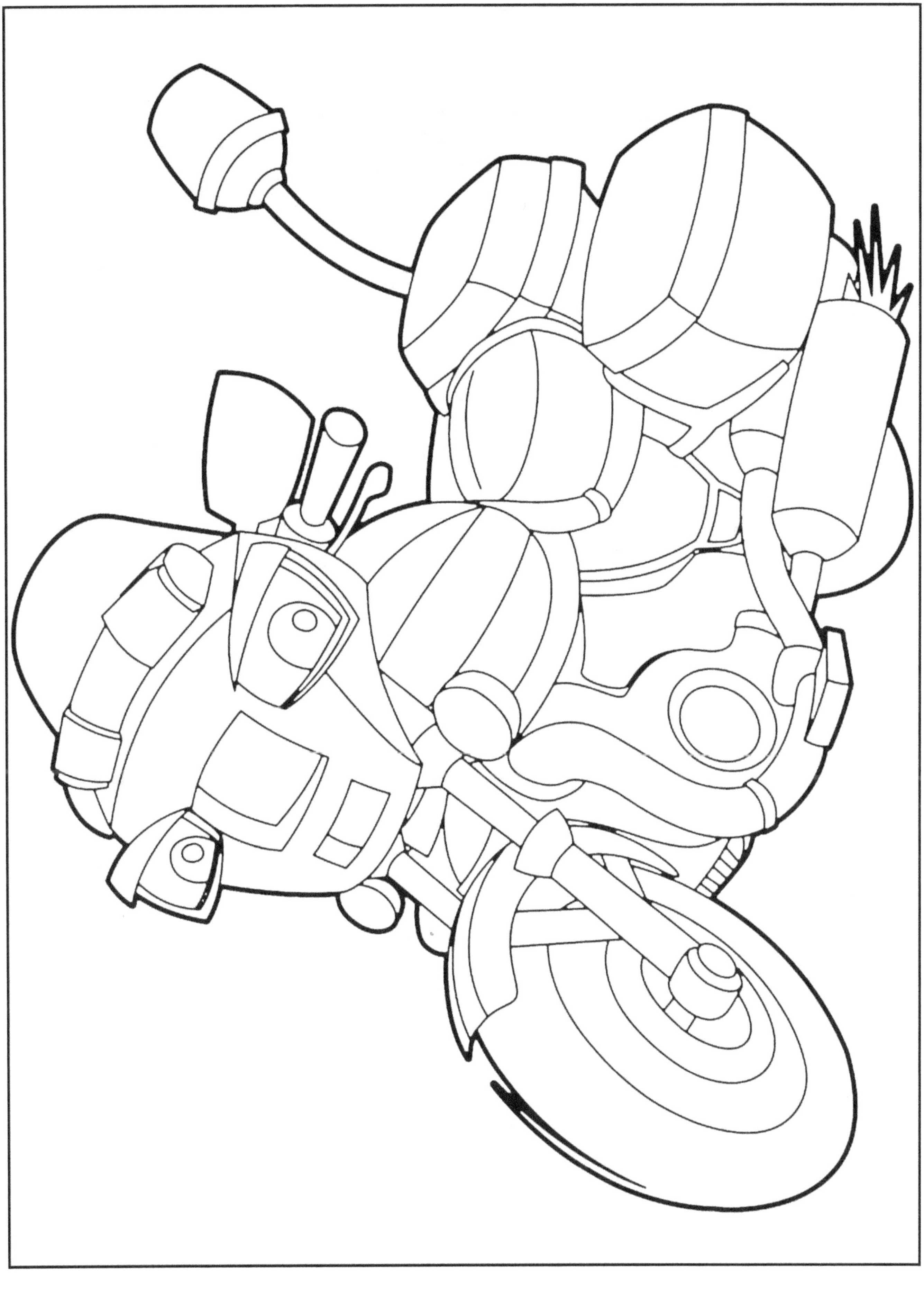

Test Your Color

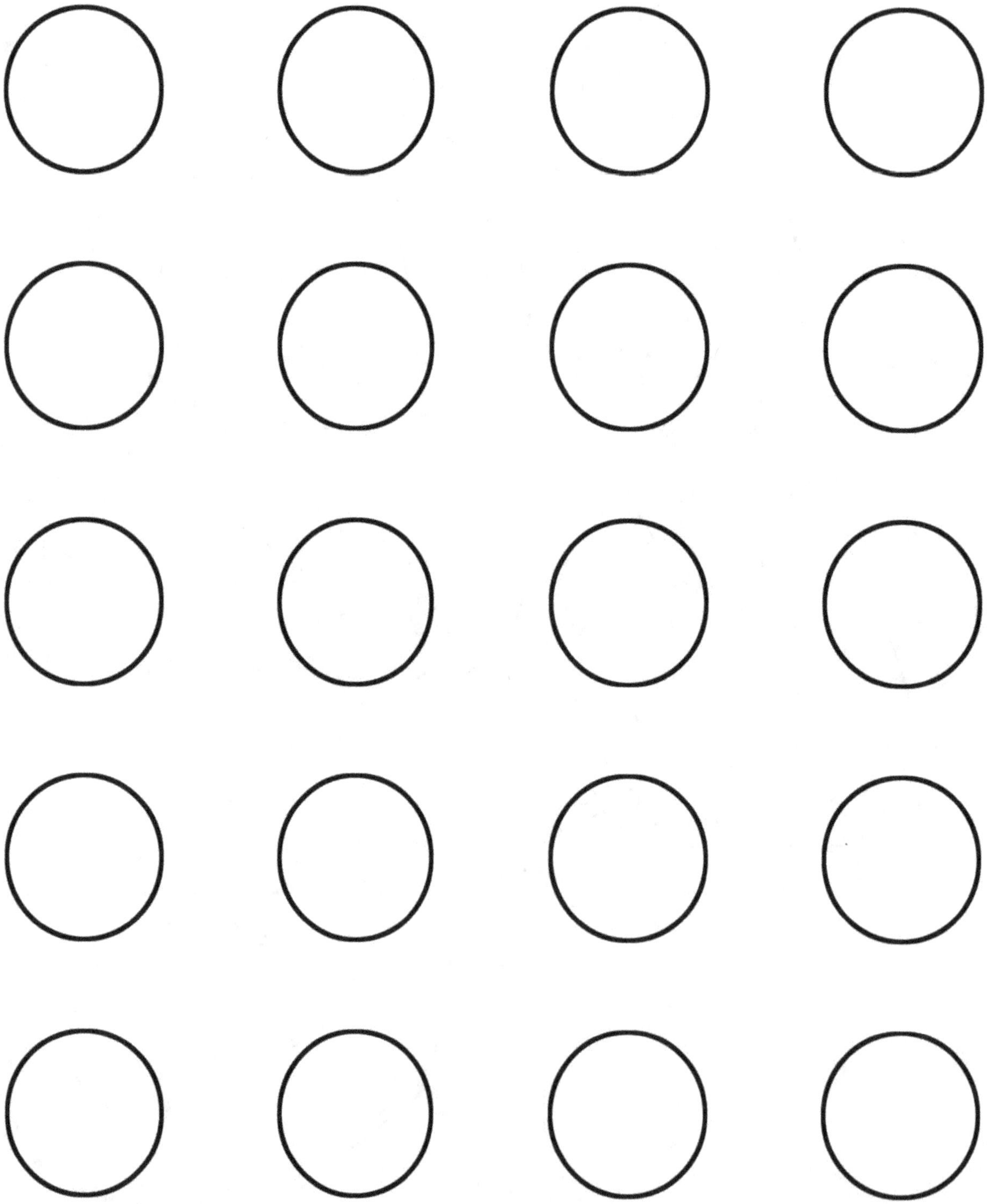

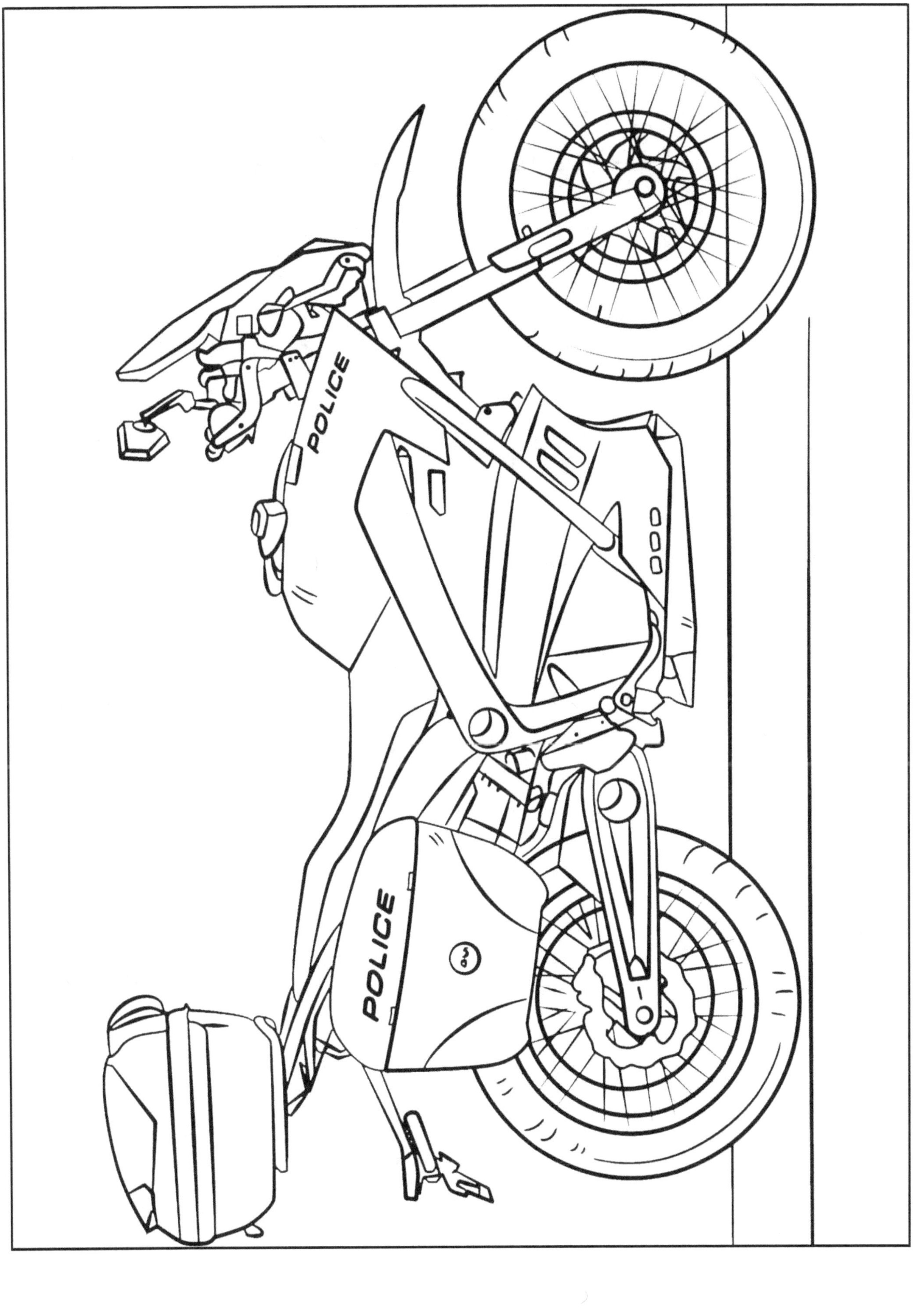
POLICE
POLICE

Test Your Color

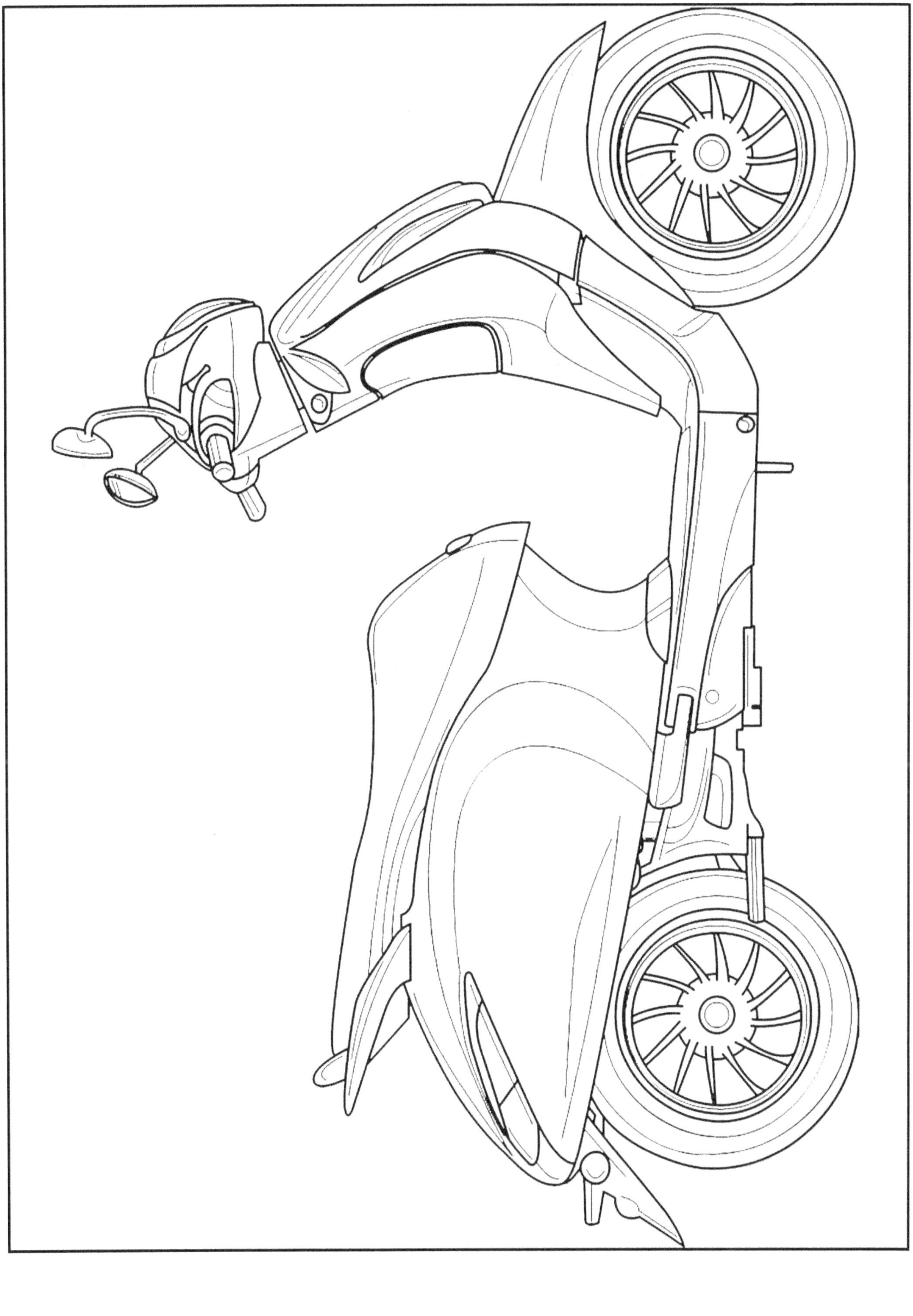

Test Your Color

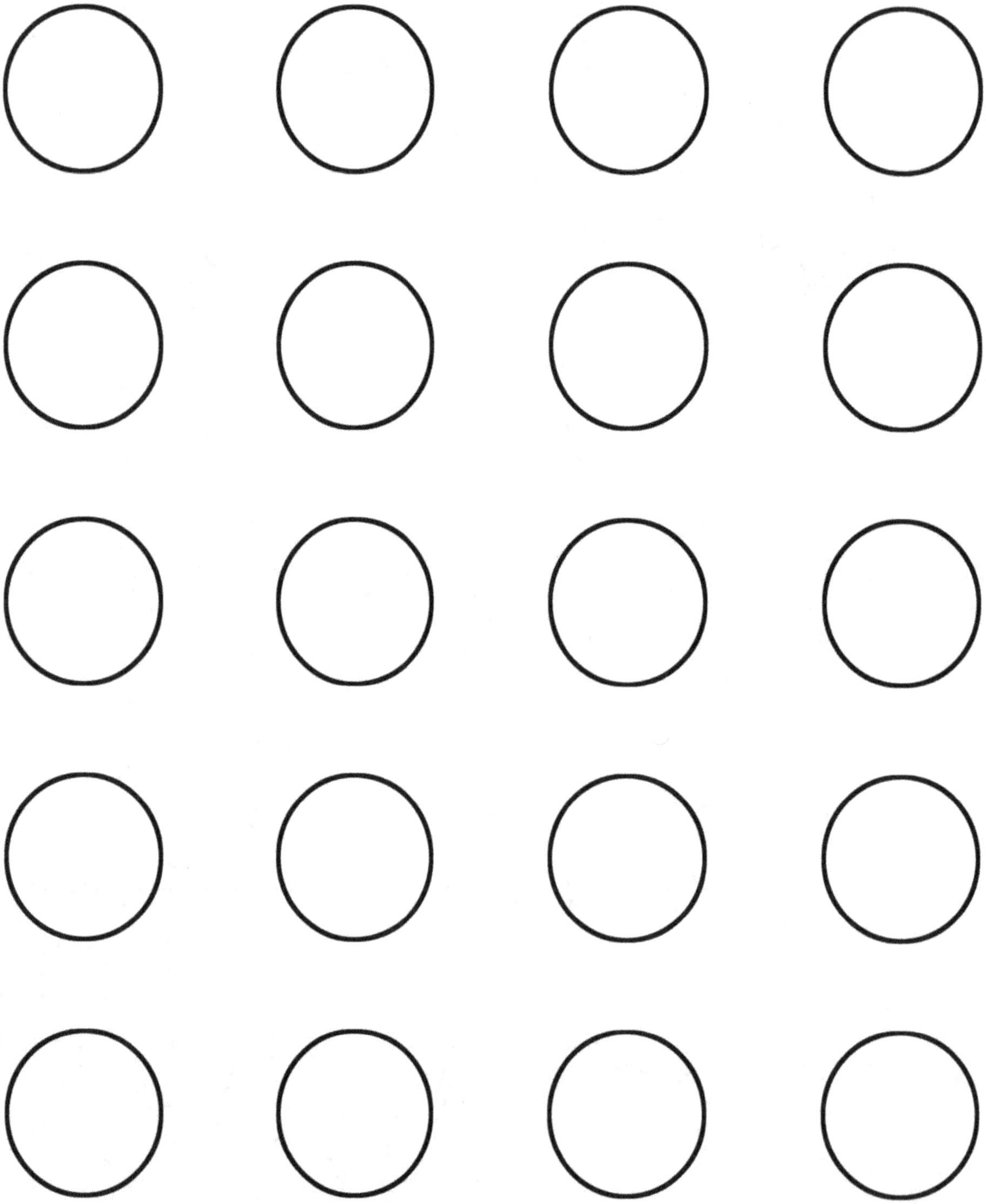

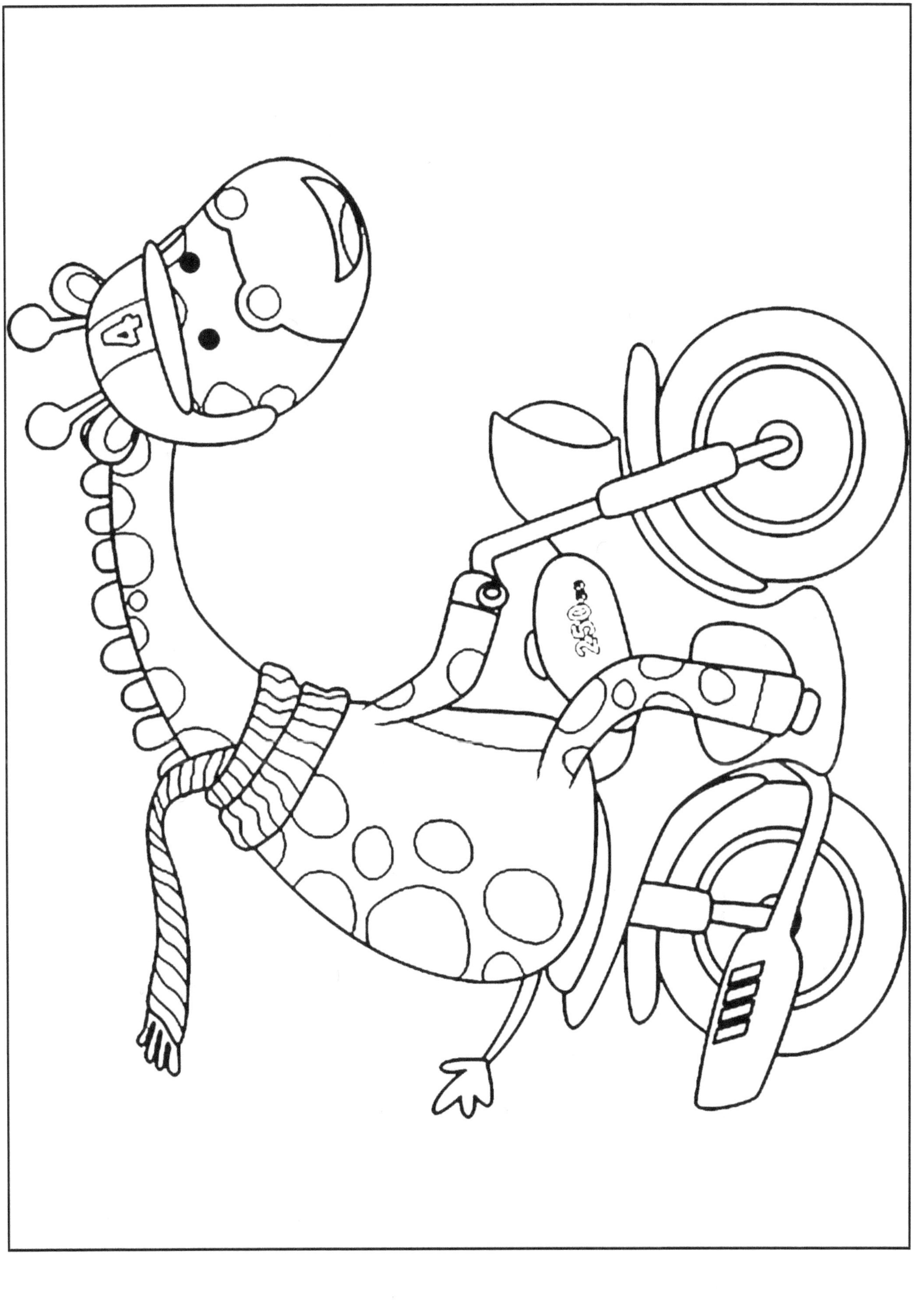
4
250

Test Your Color

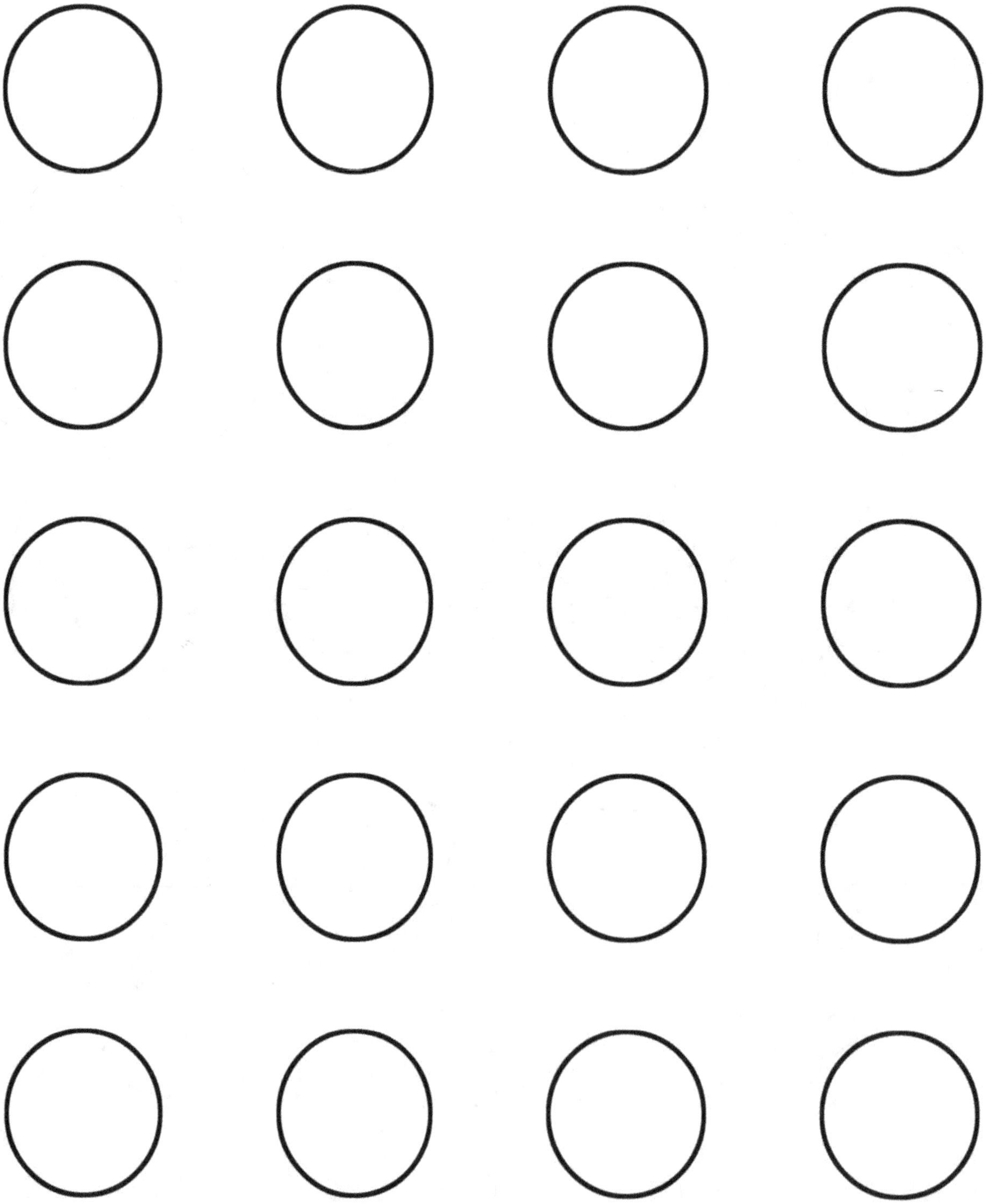

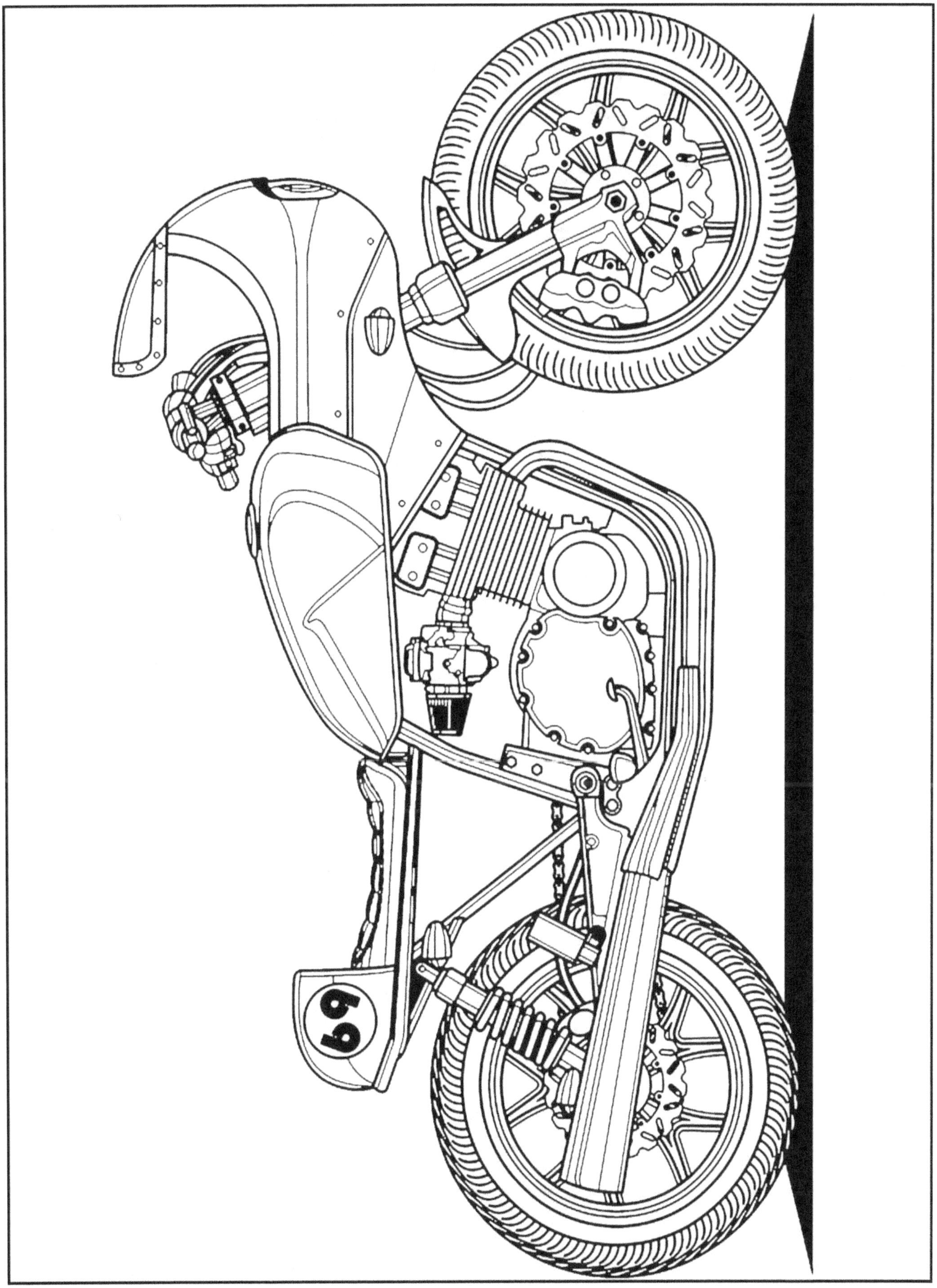

Test Your Color

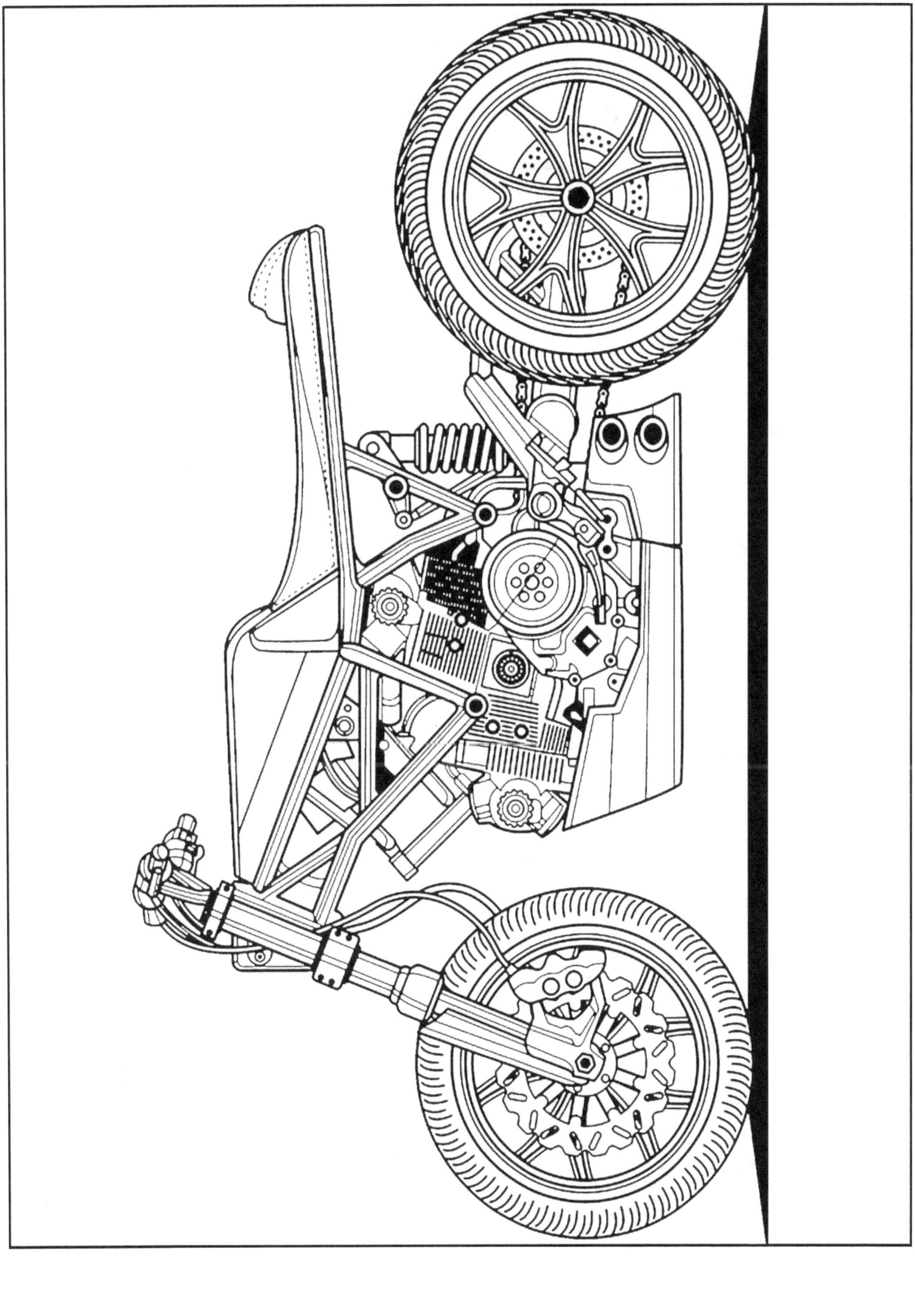

Test Your Color

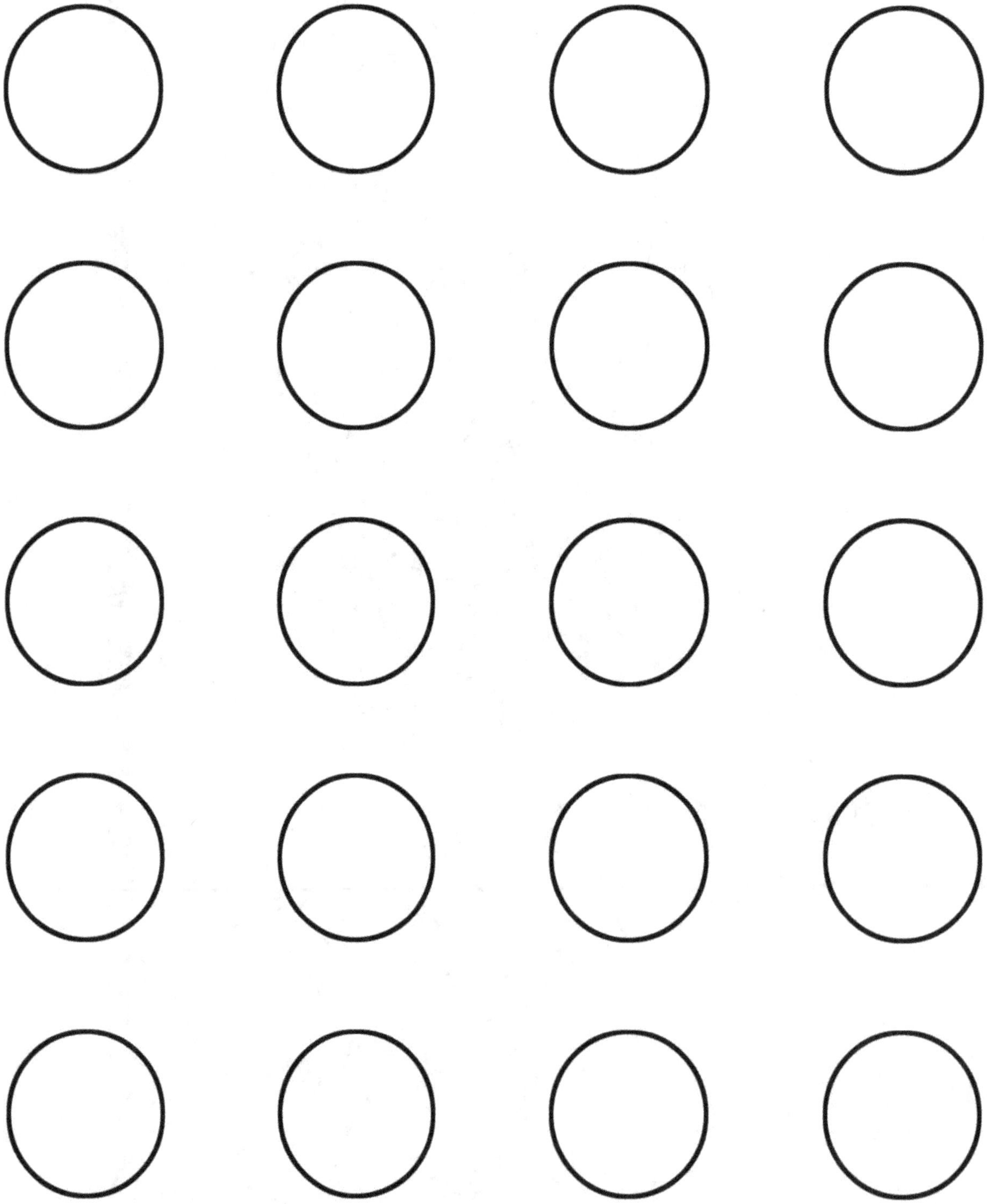

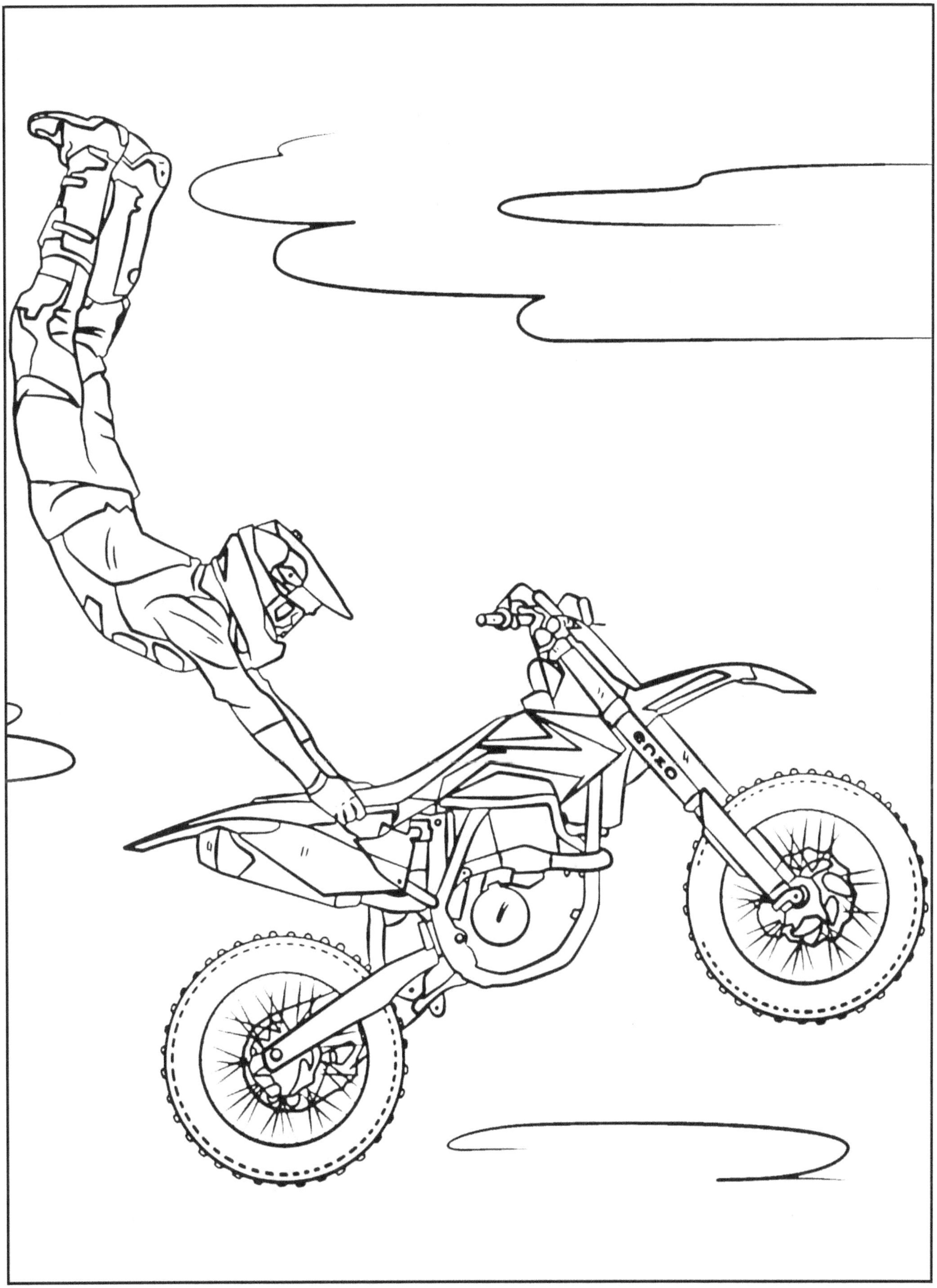

Test Your Color

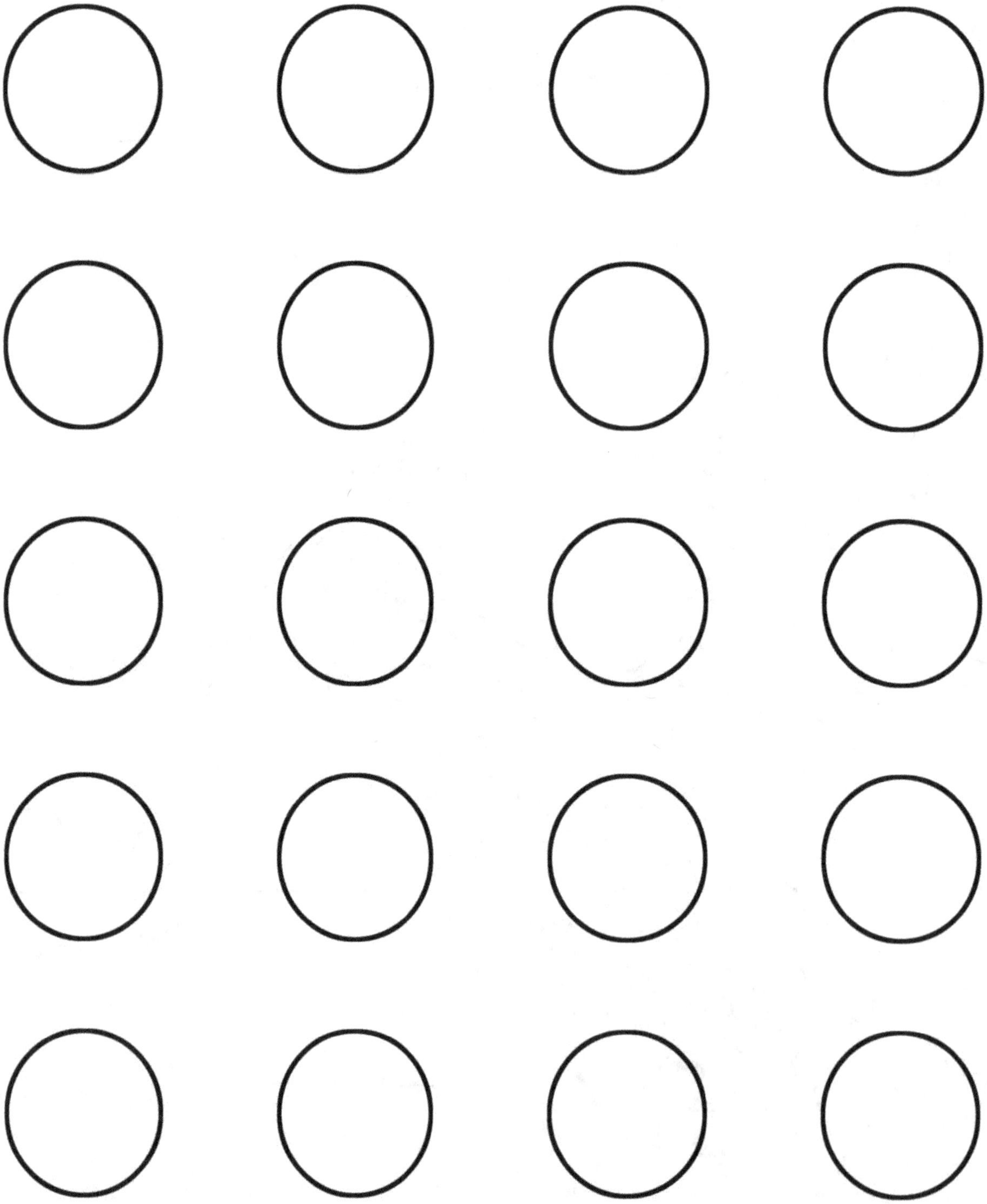

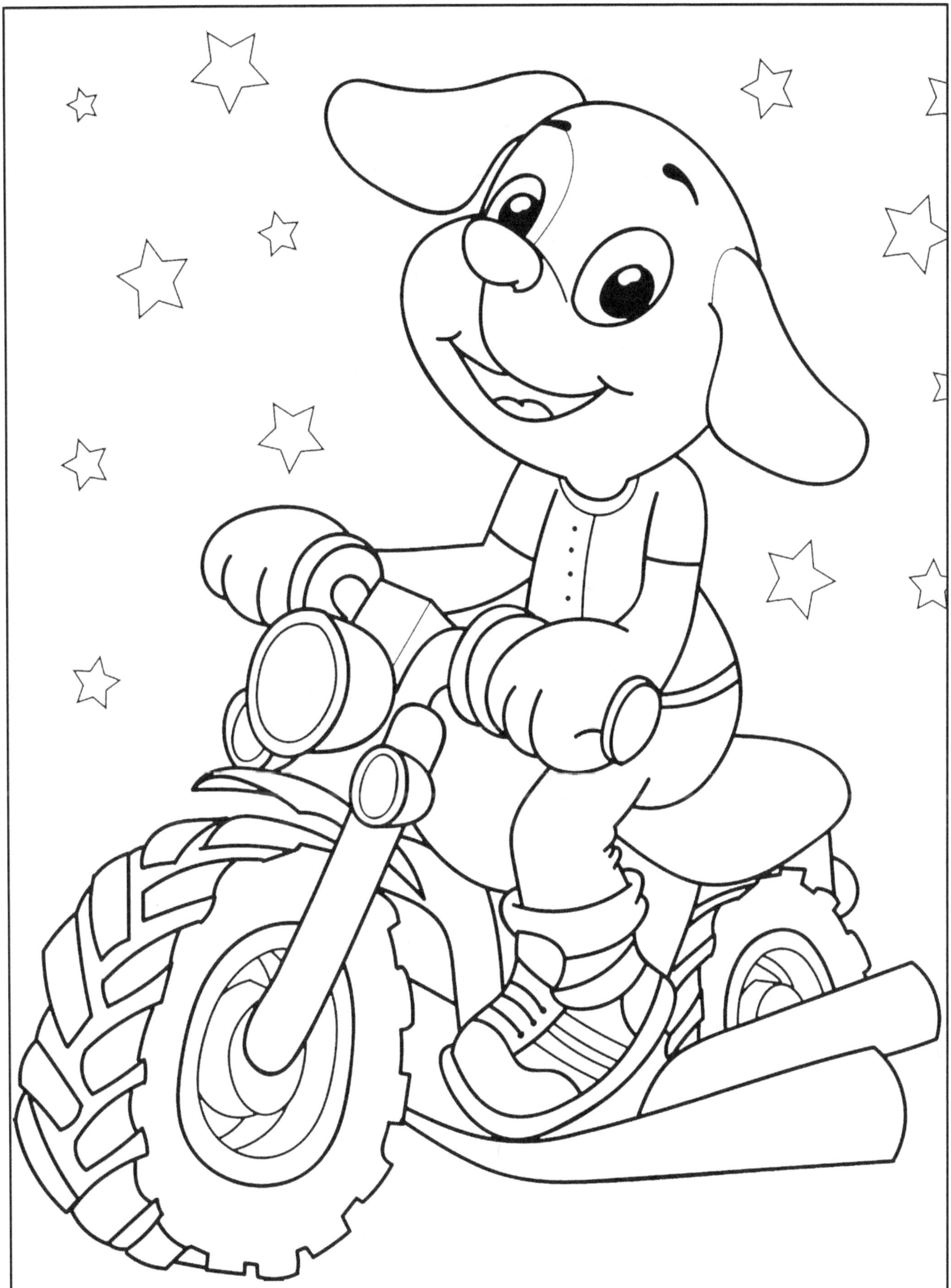

Test Your Color

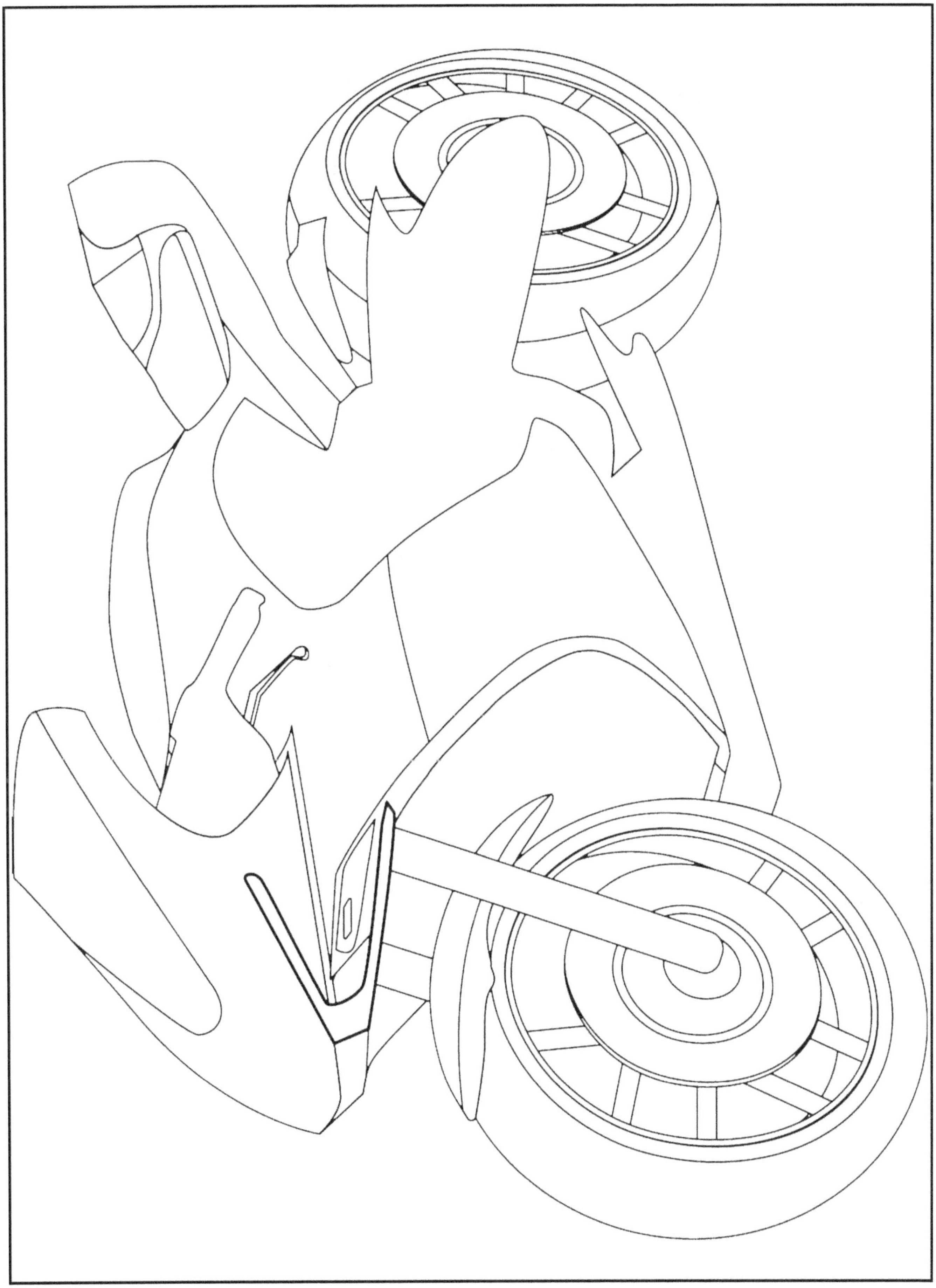

Test Your Color

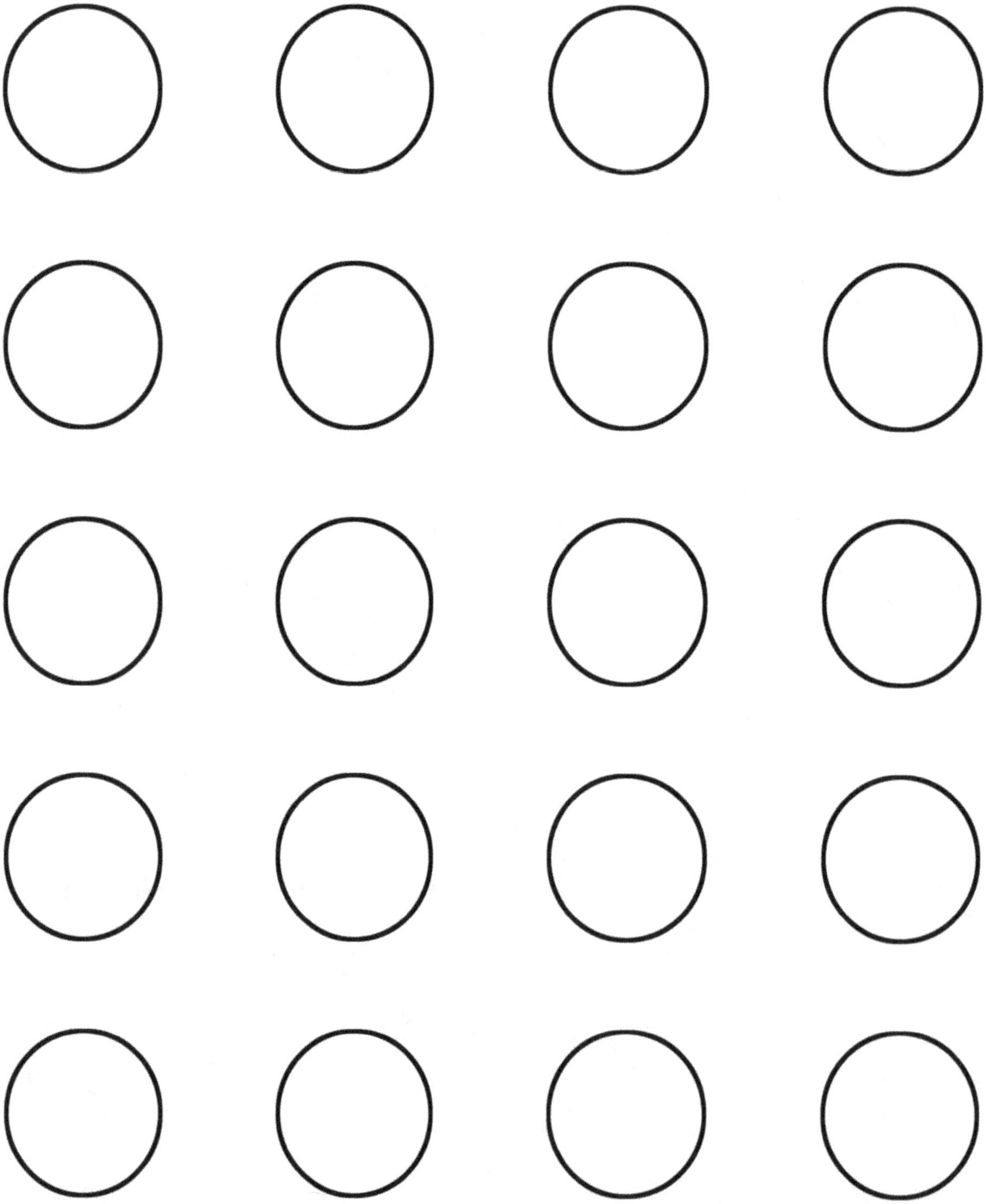

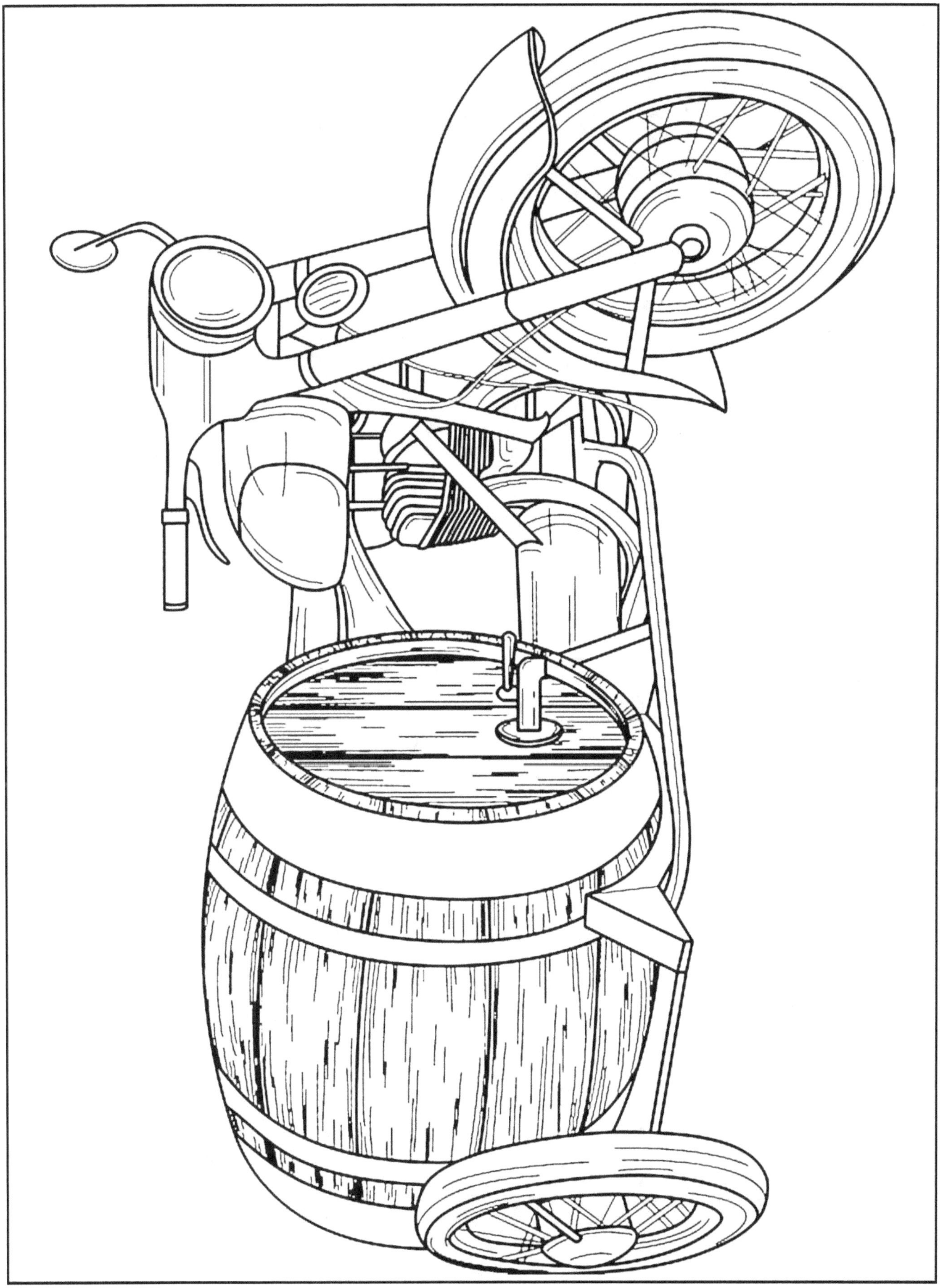

Test Your Color

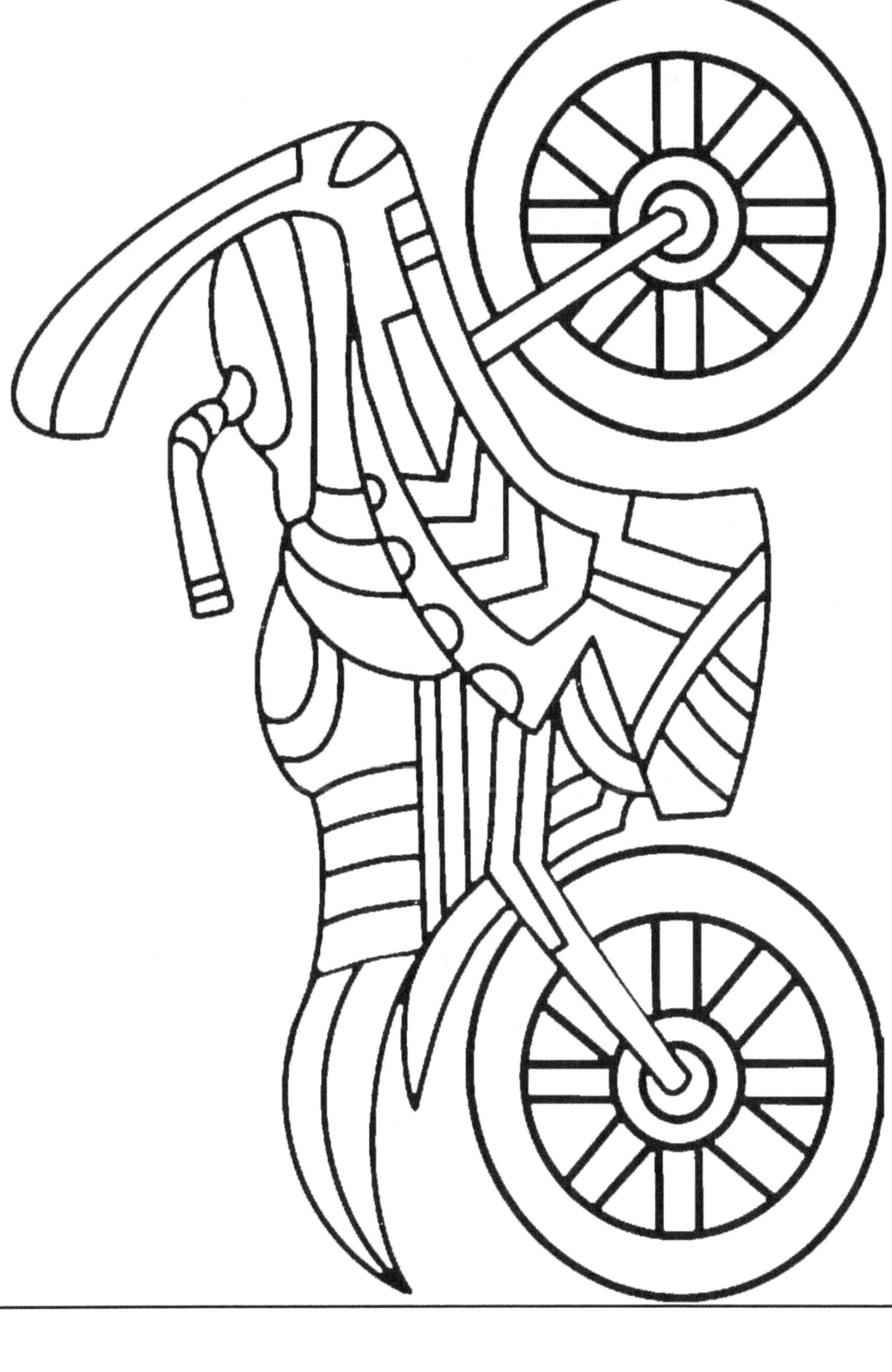

Test Your Color

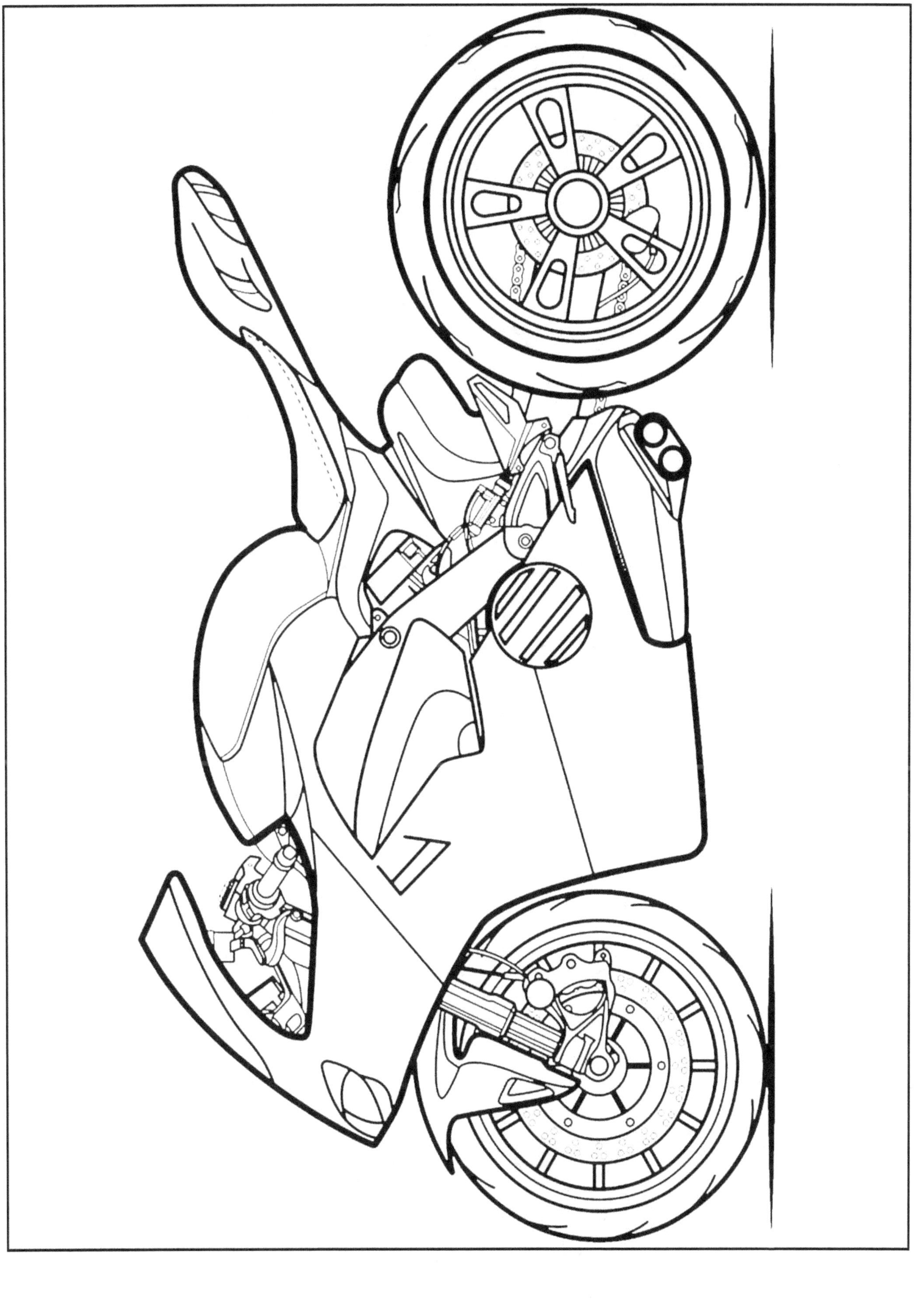

Test Your Color

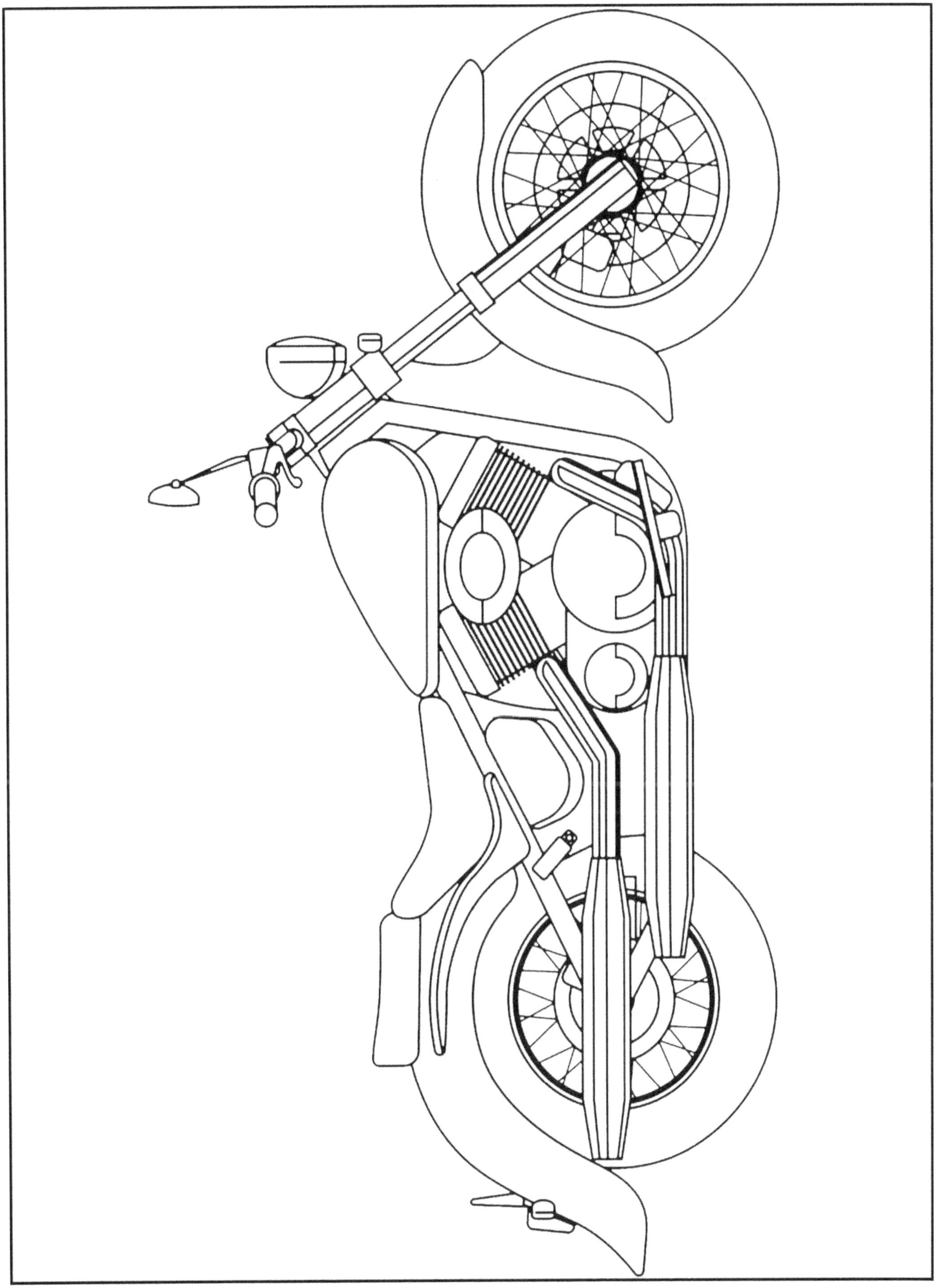

Test Your Color

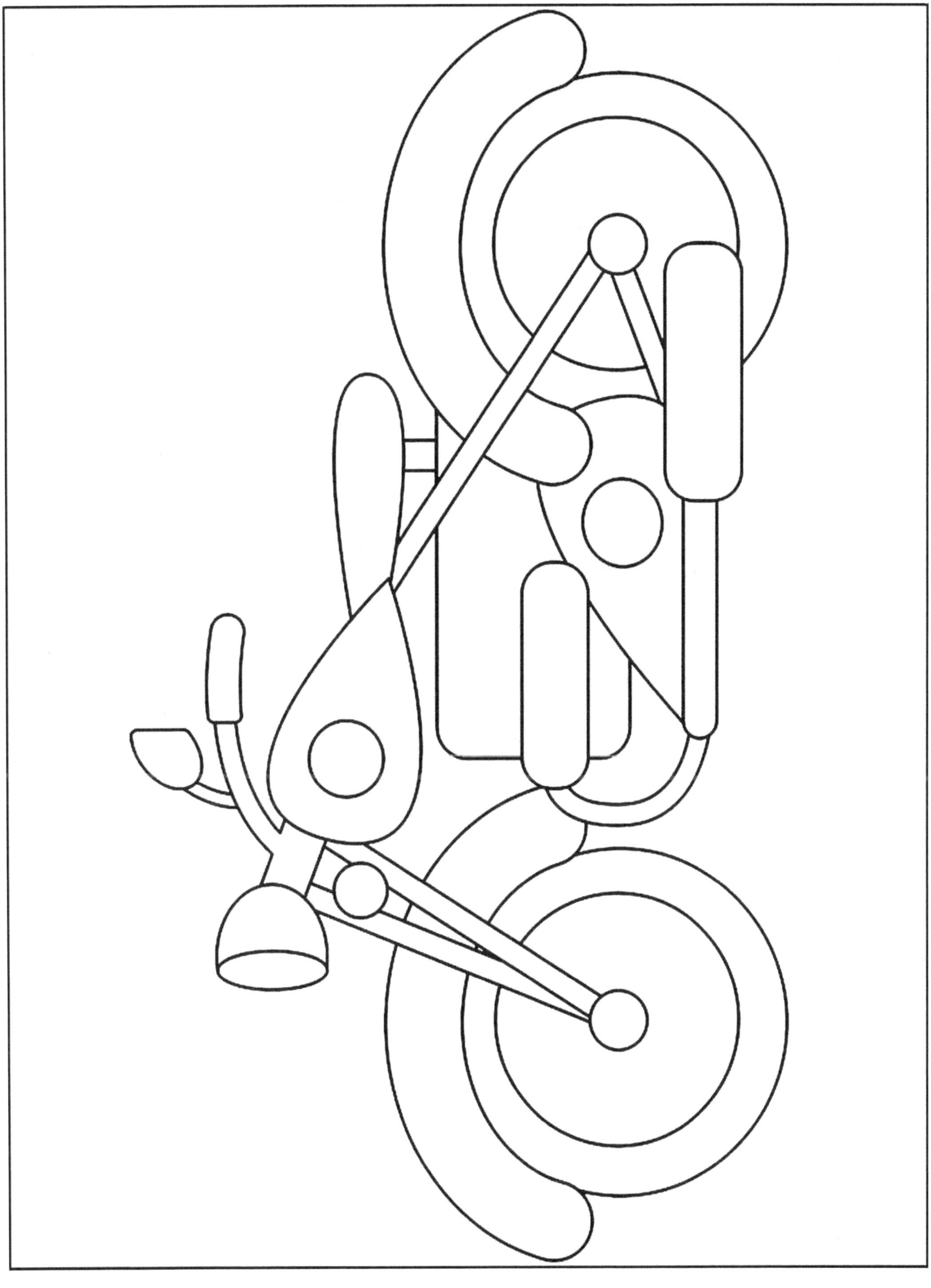

Test Your Color

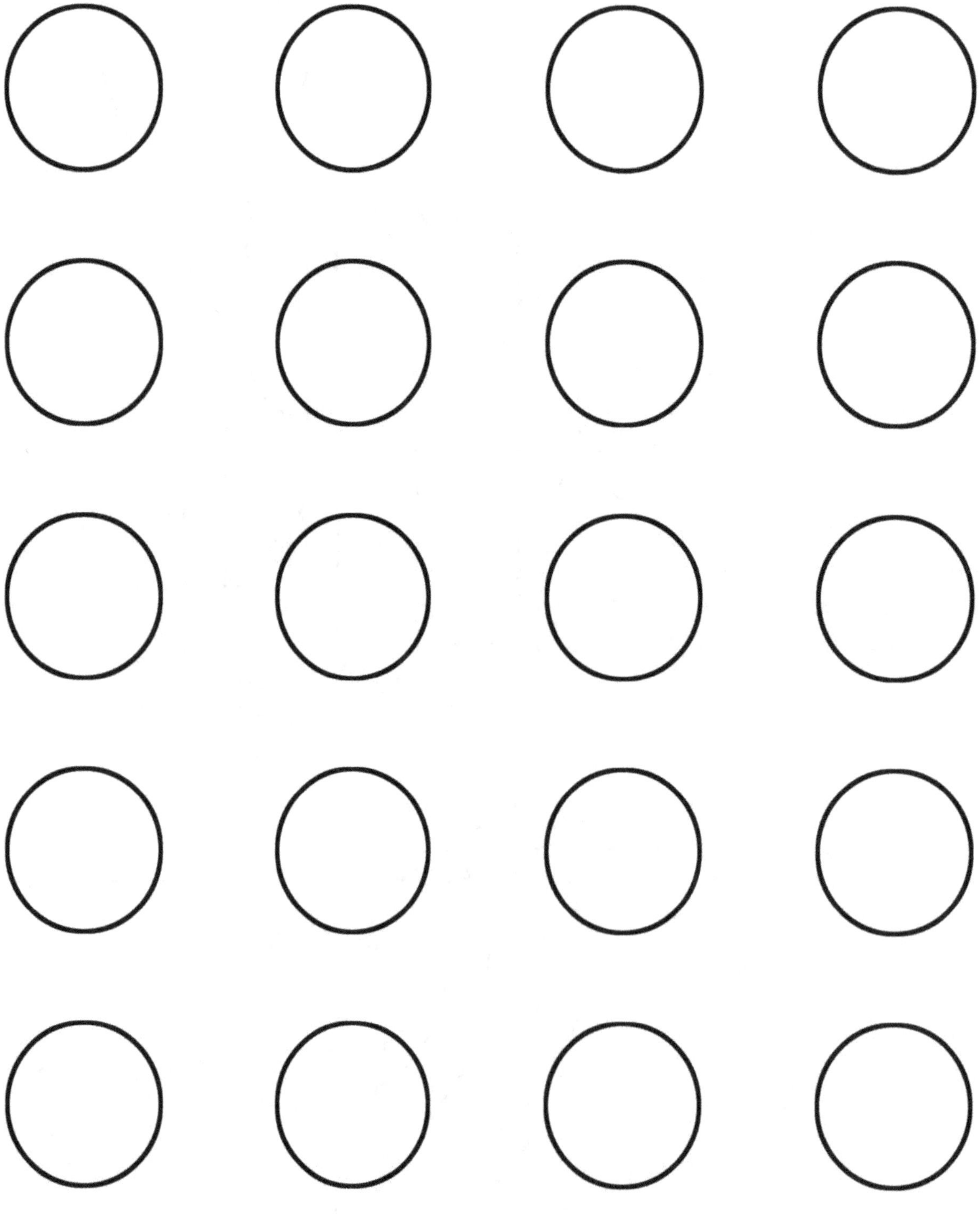

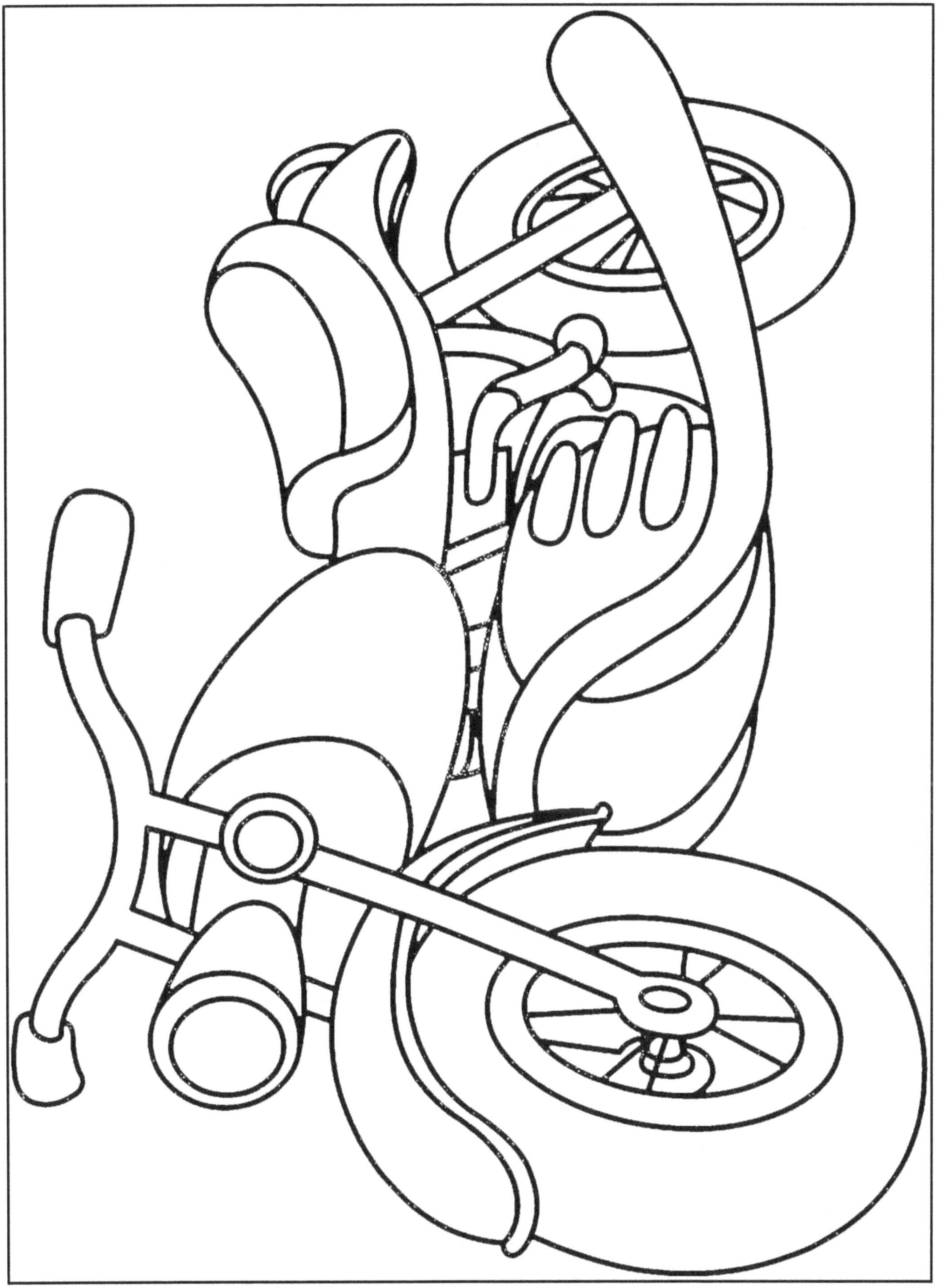

Test Your Color

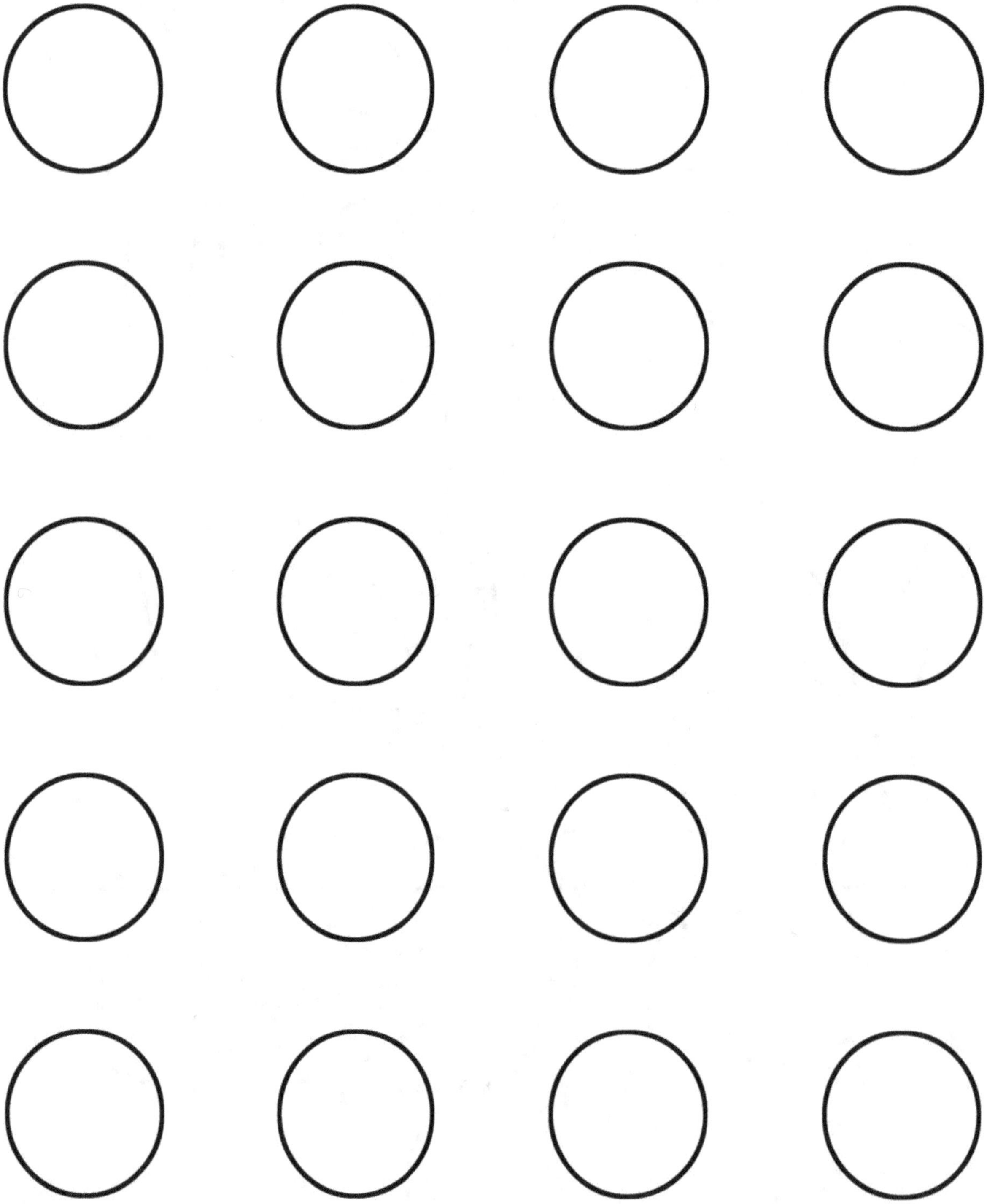

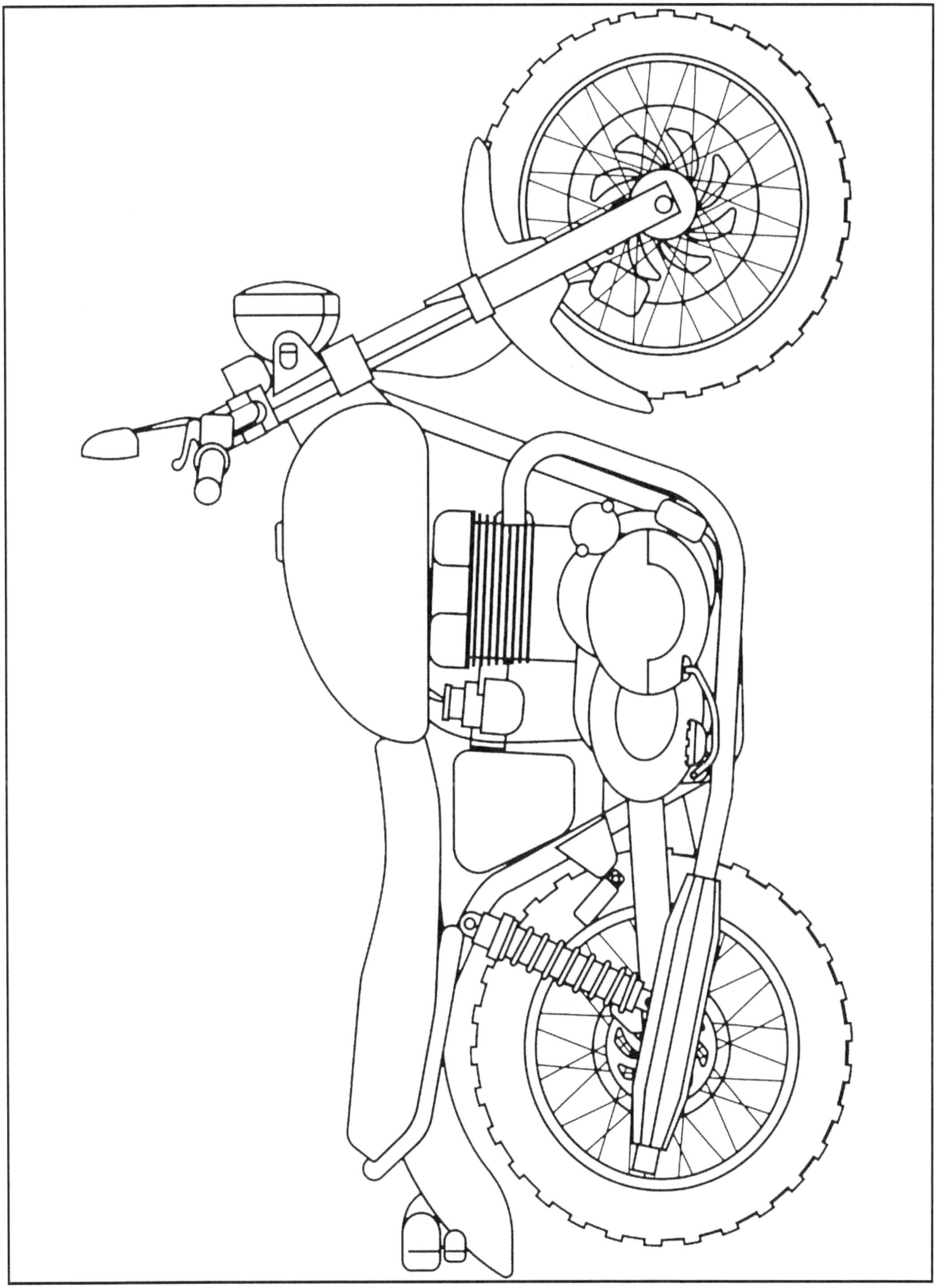

Test Your Color

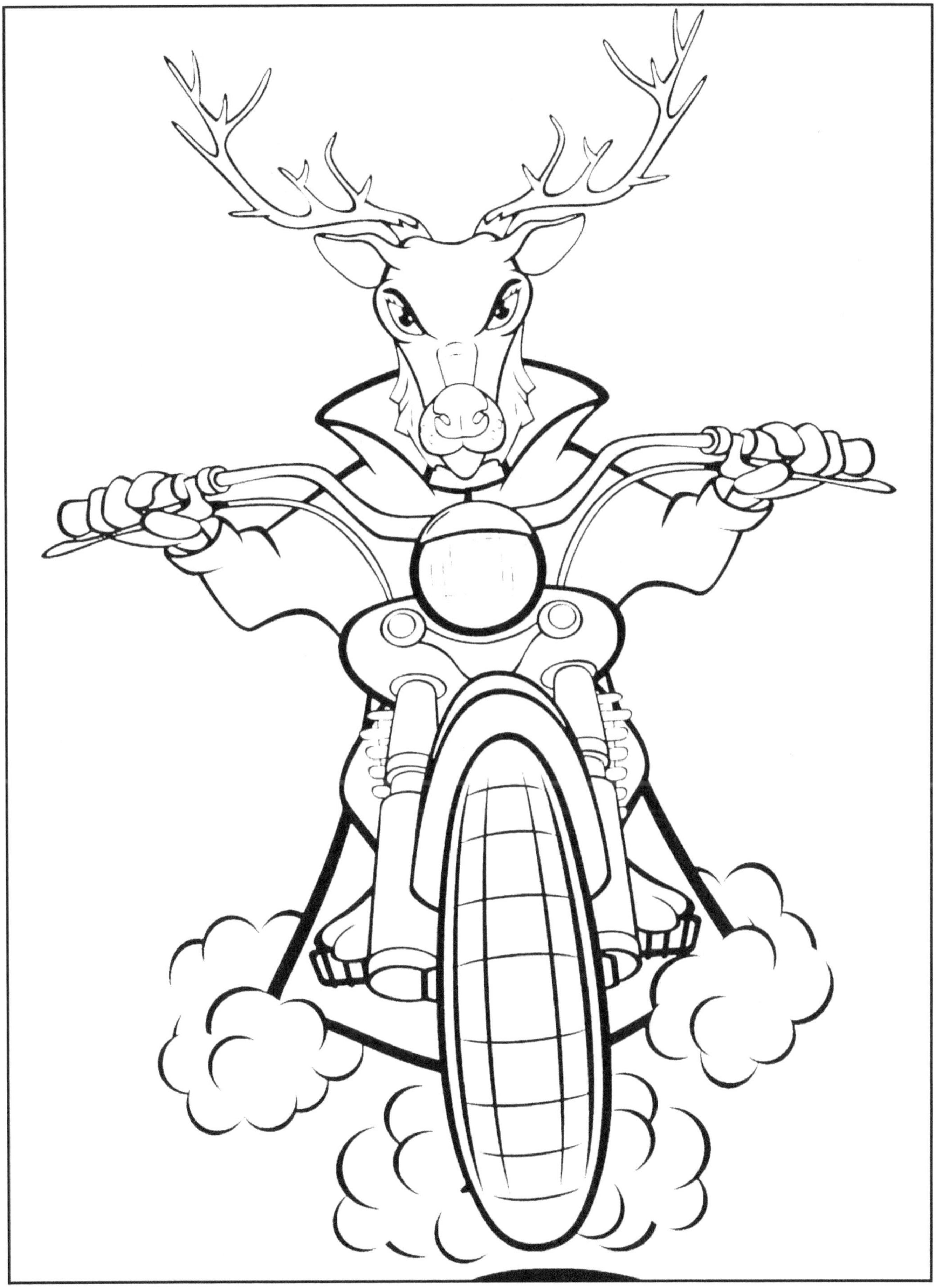

Test Your Color

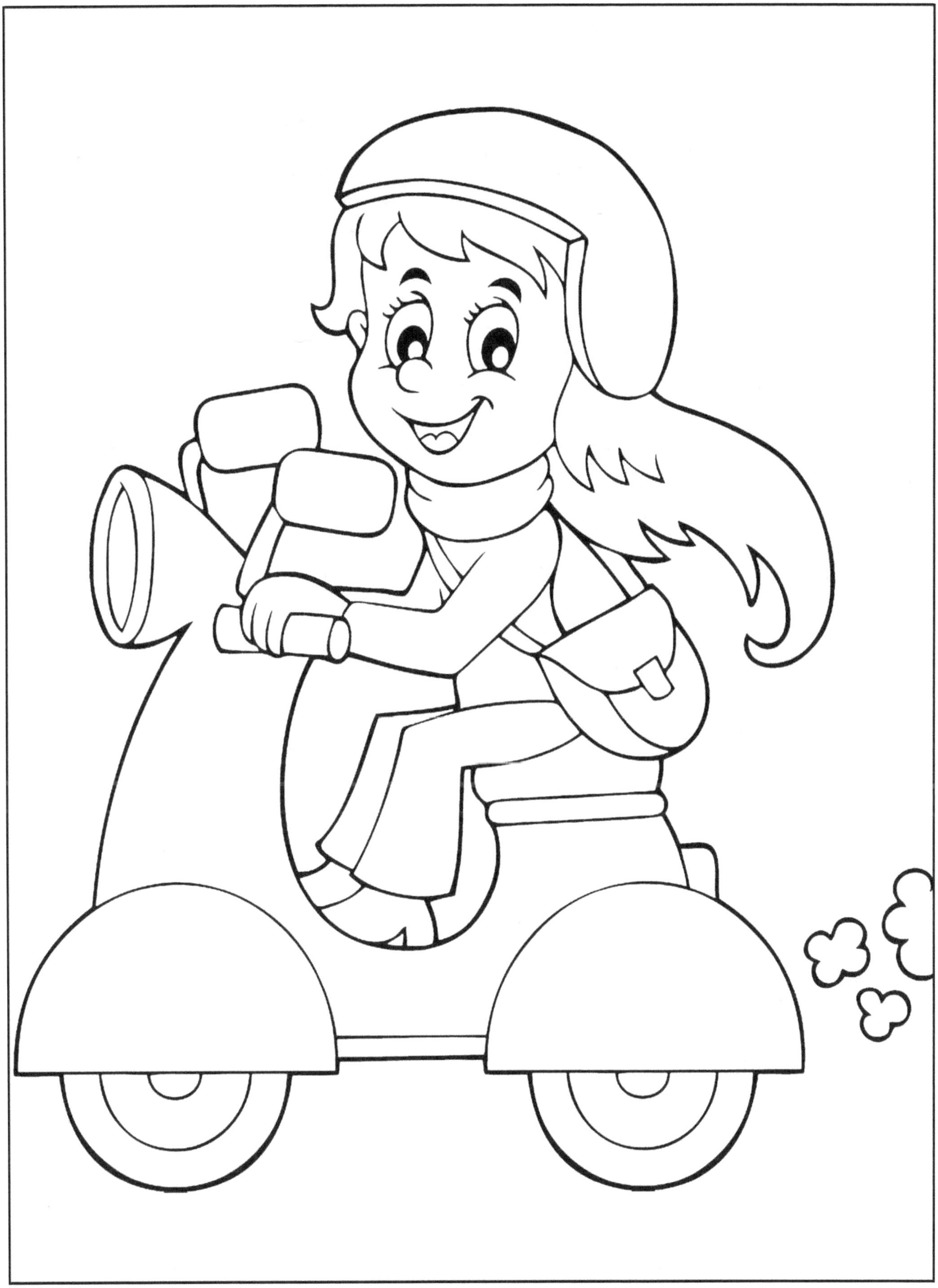

Test Your Color

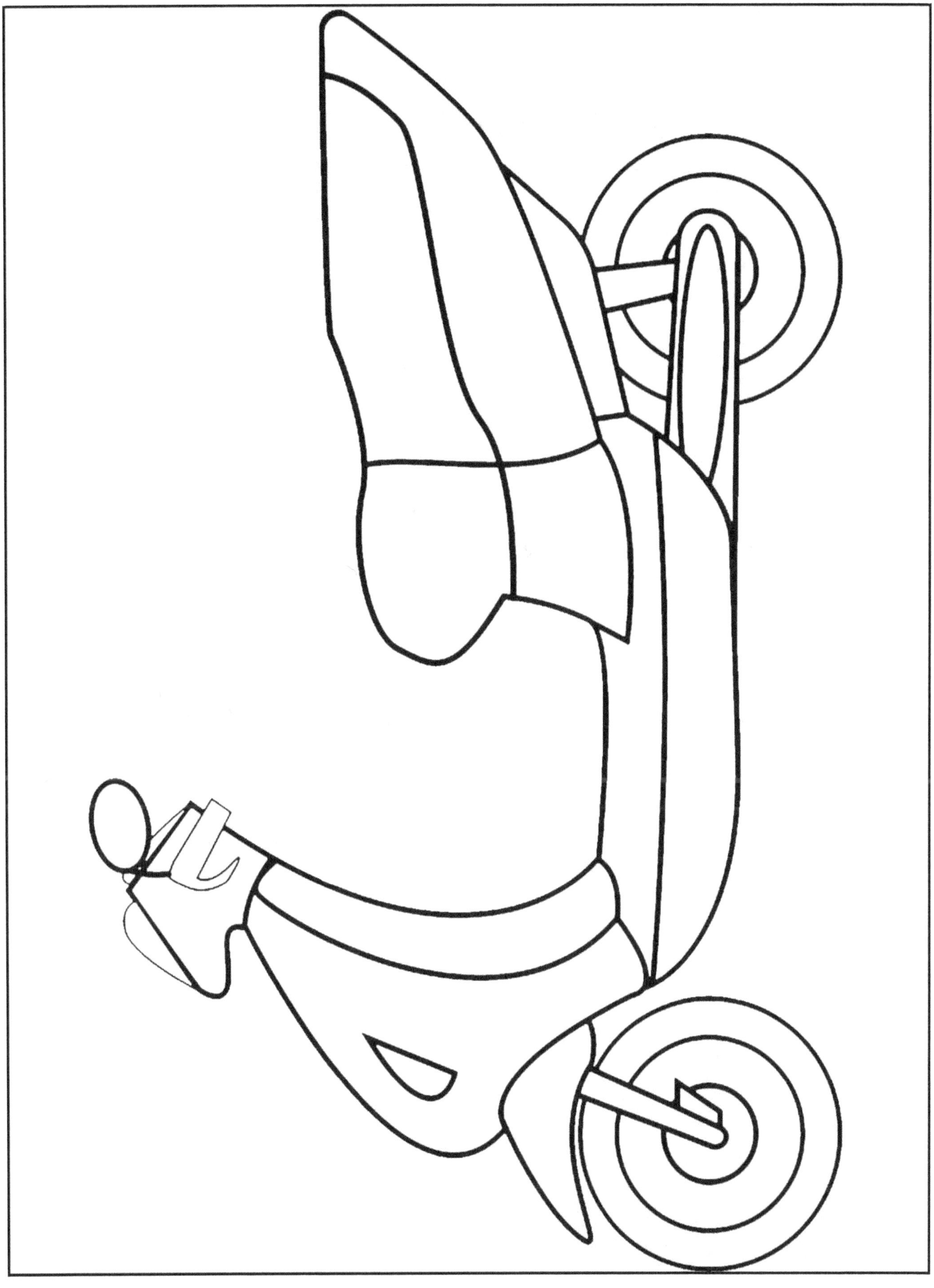

Test Your Color

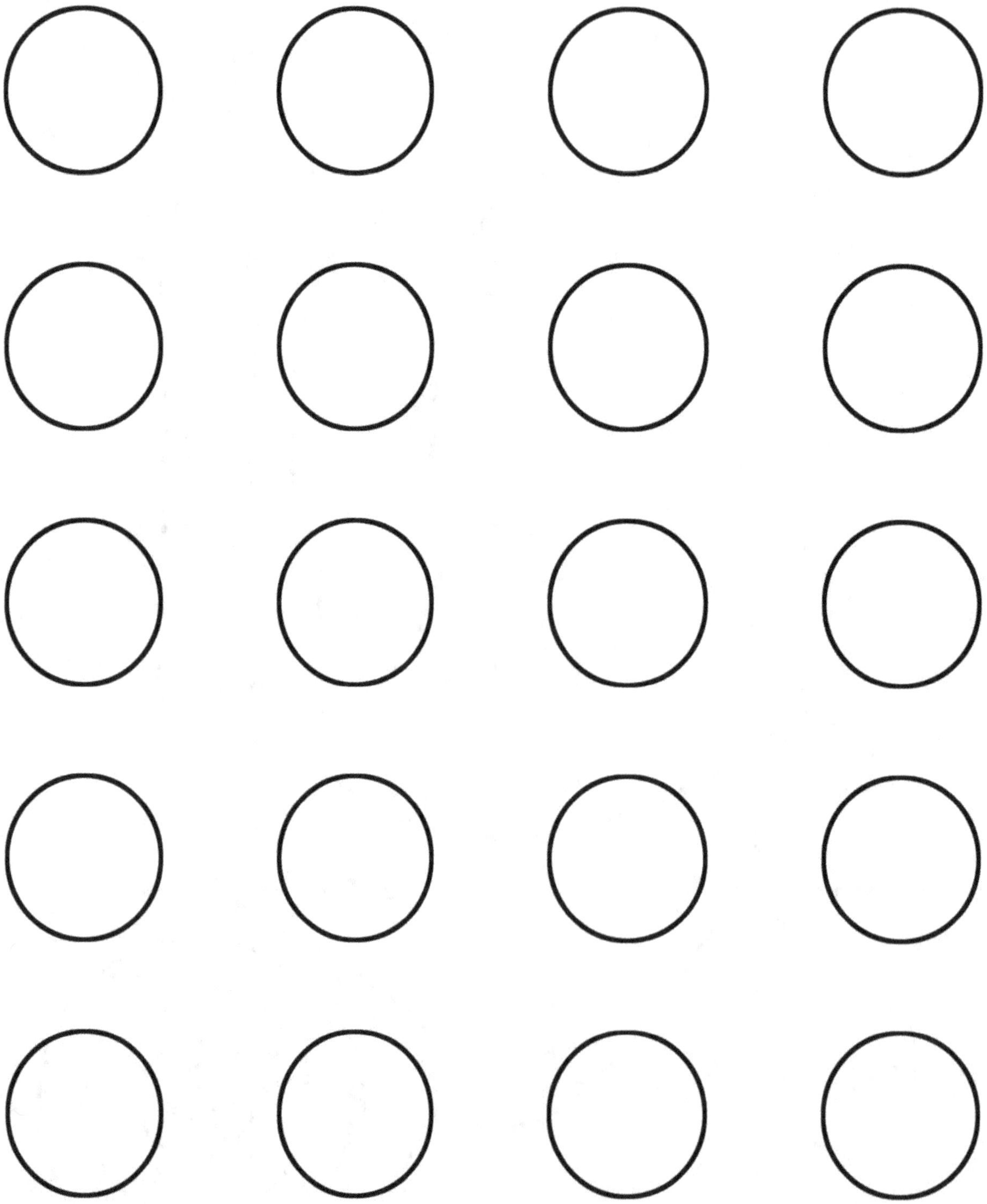

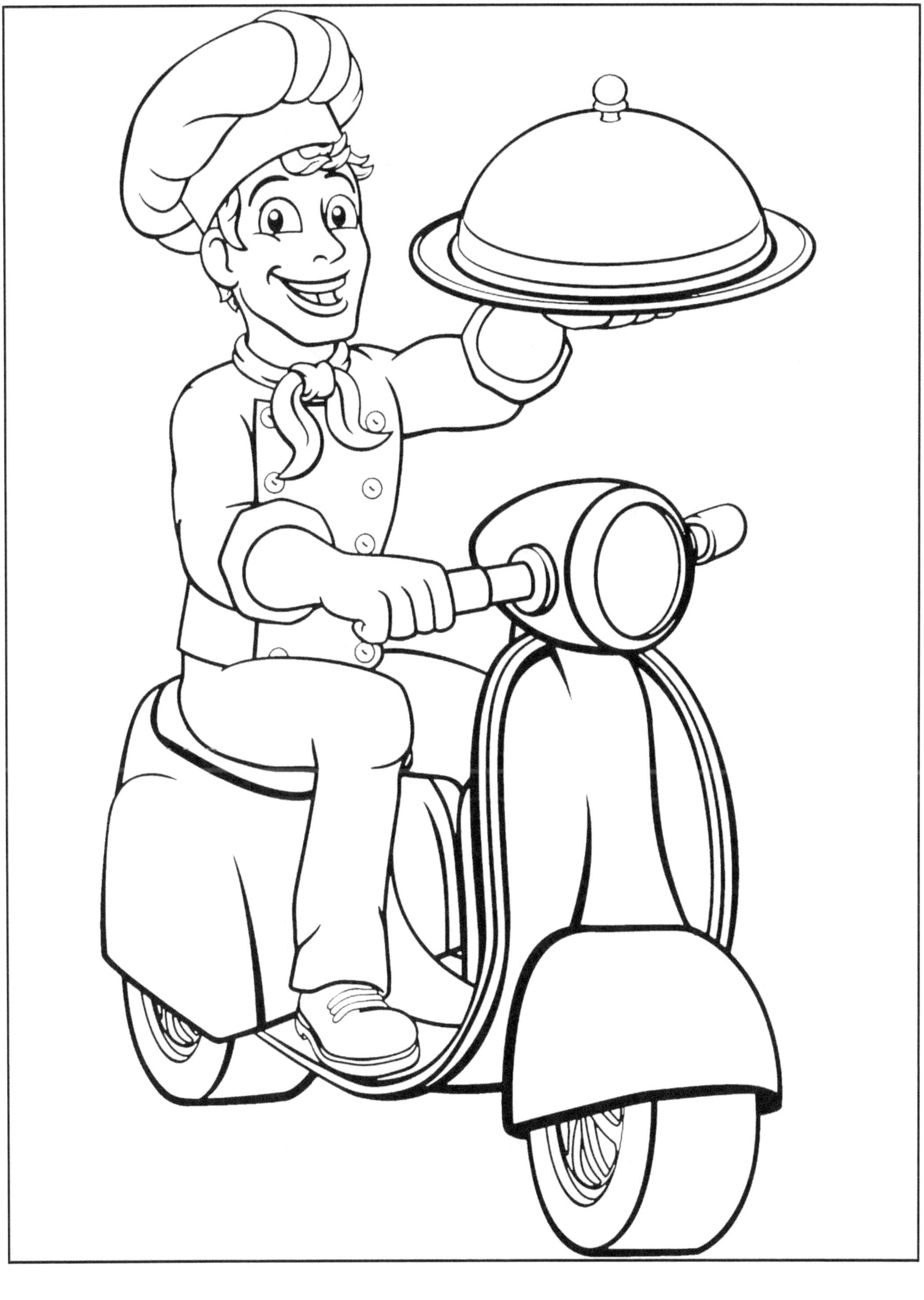

Test Your Color

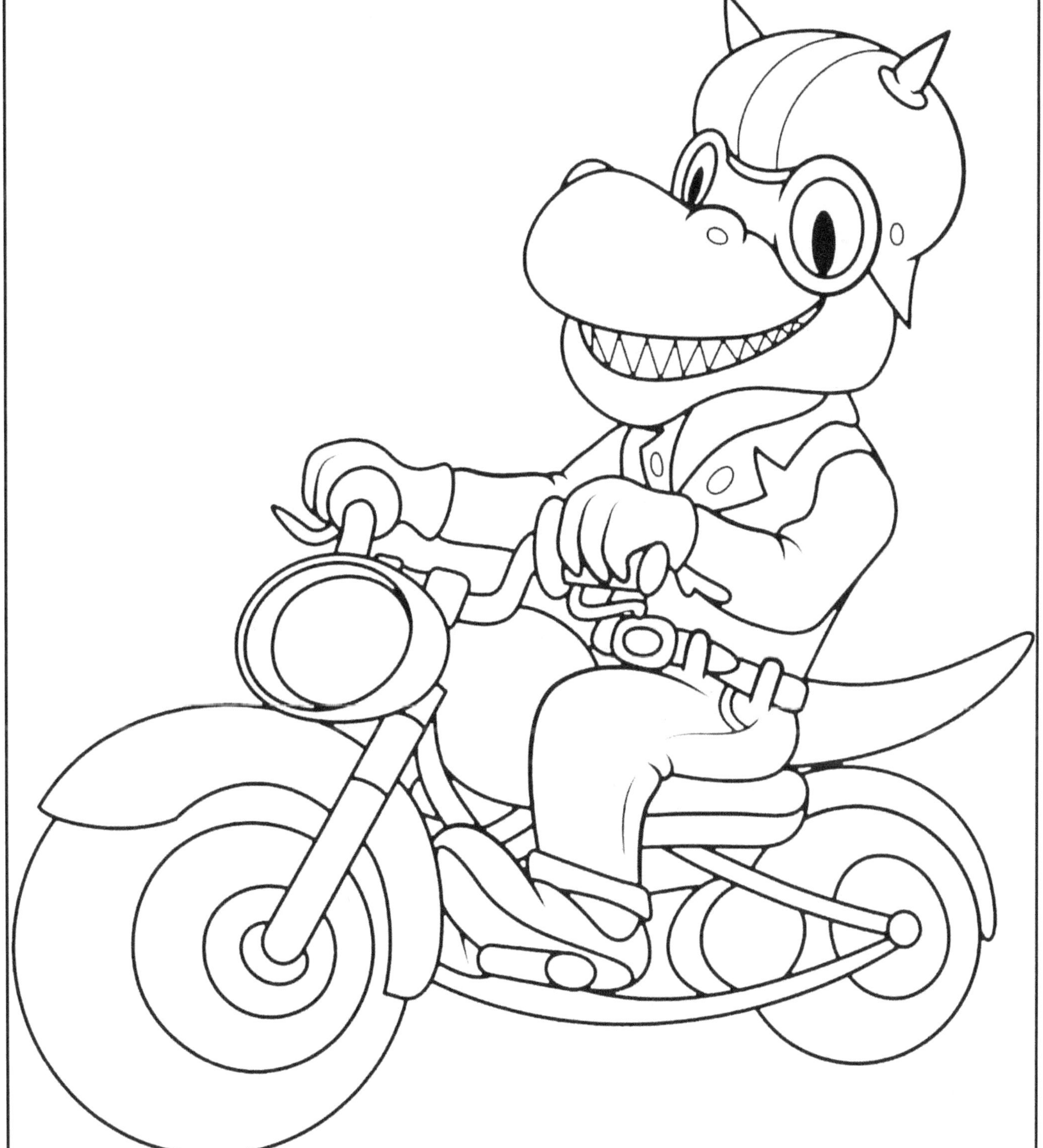

Test Your Color

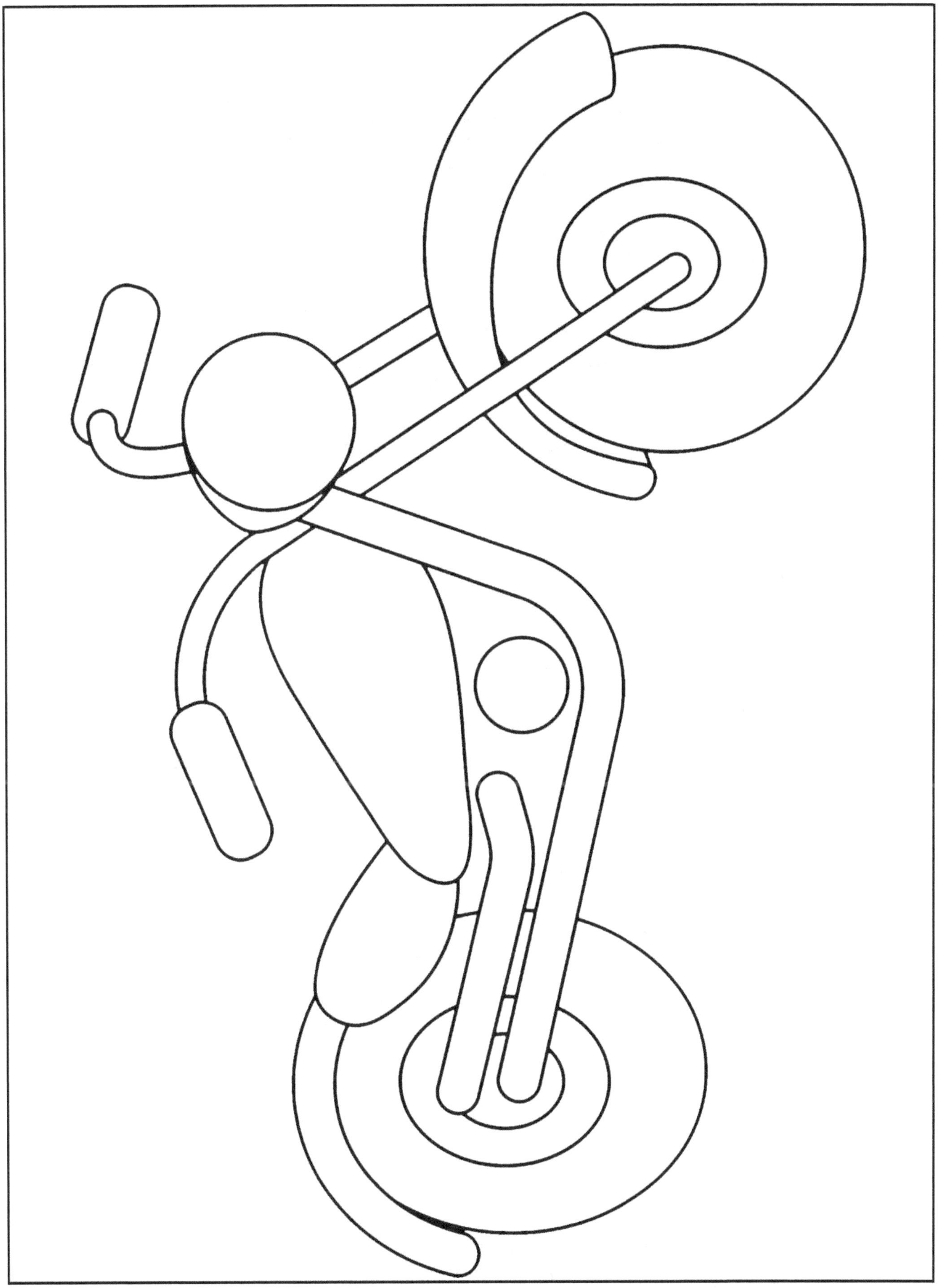

Test Your Color

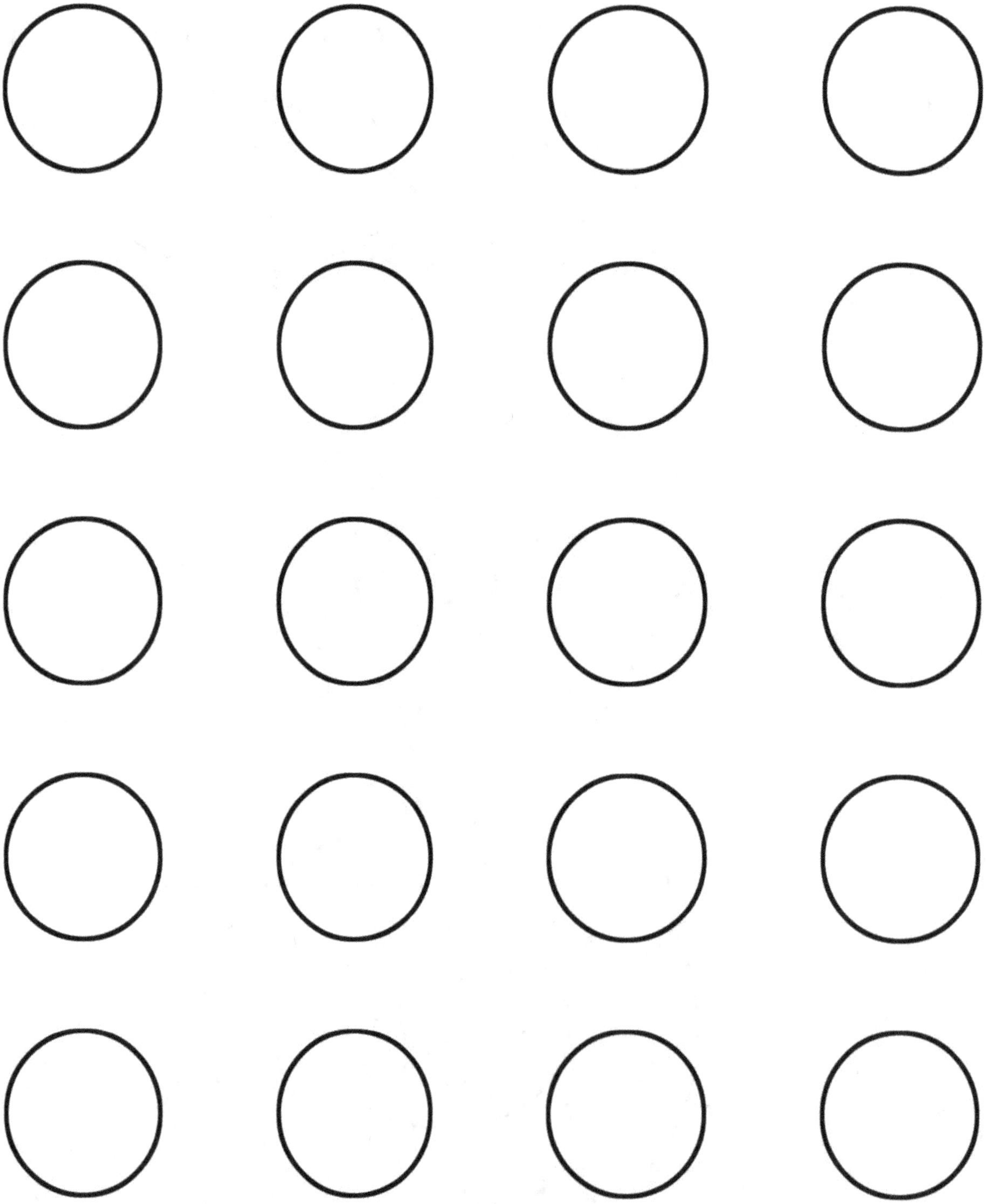

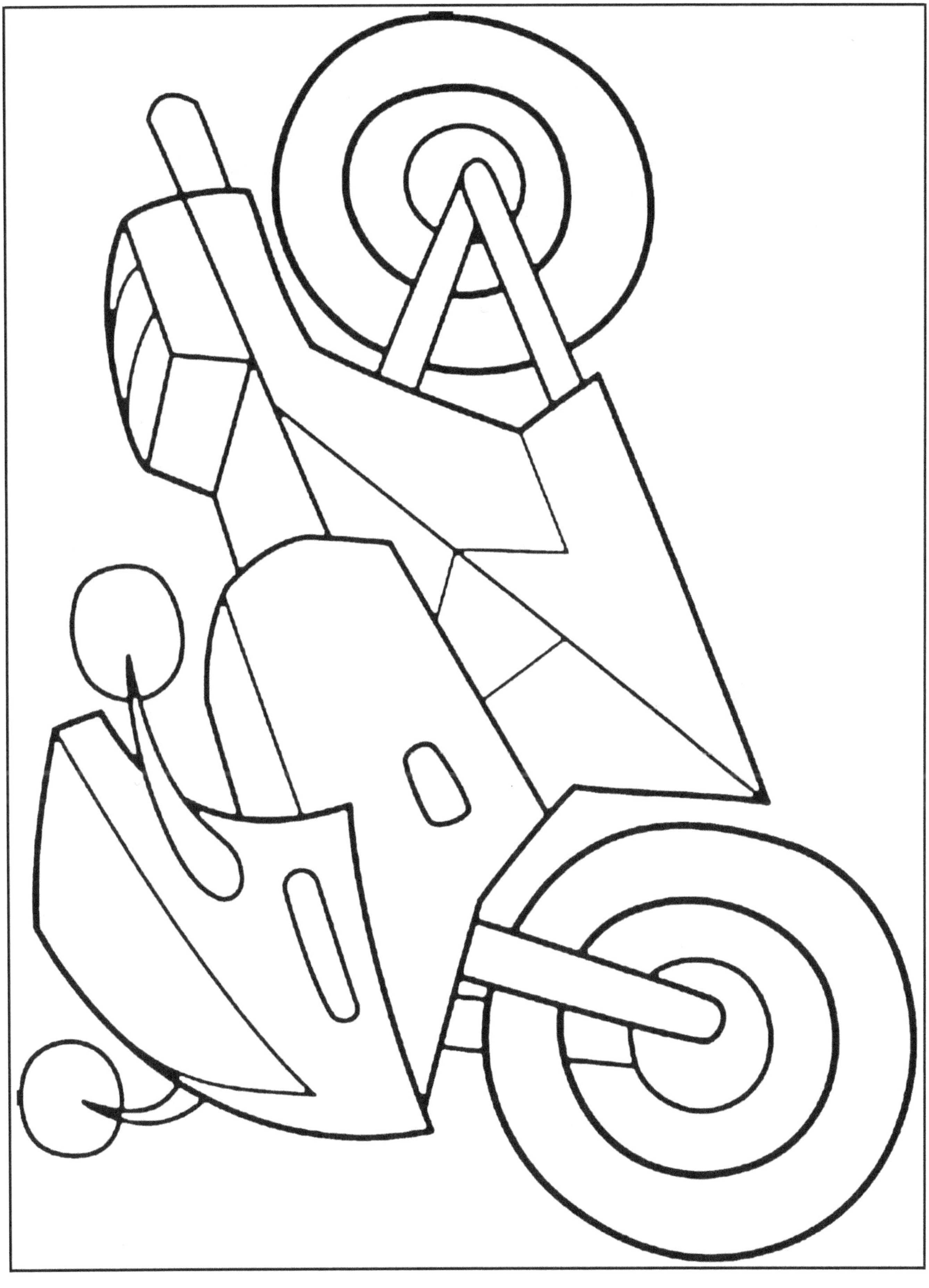

Test Your Color

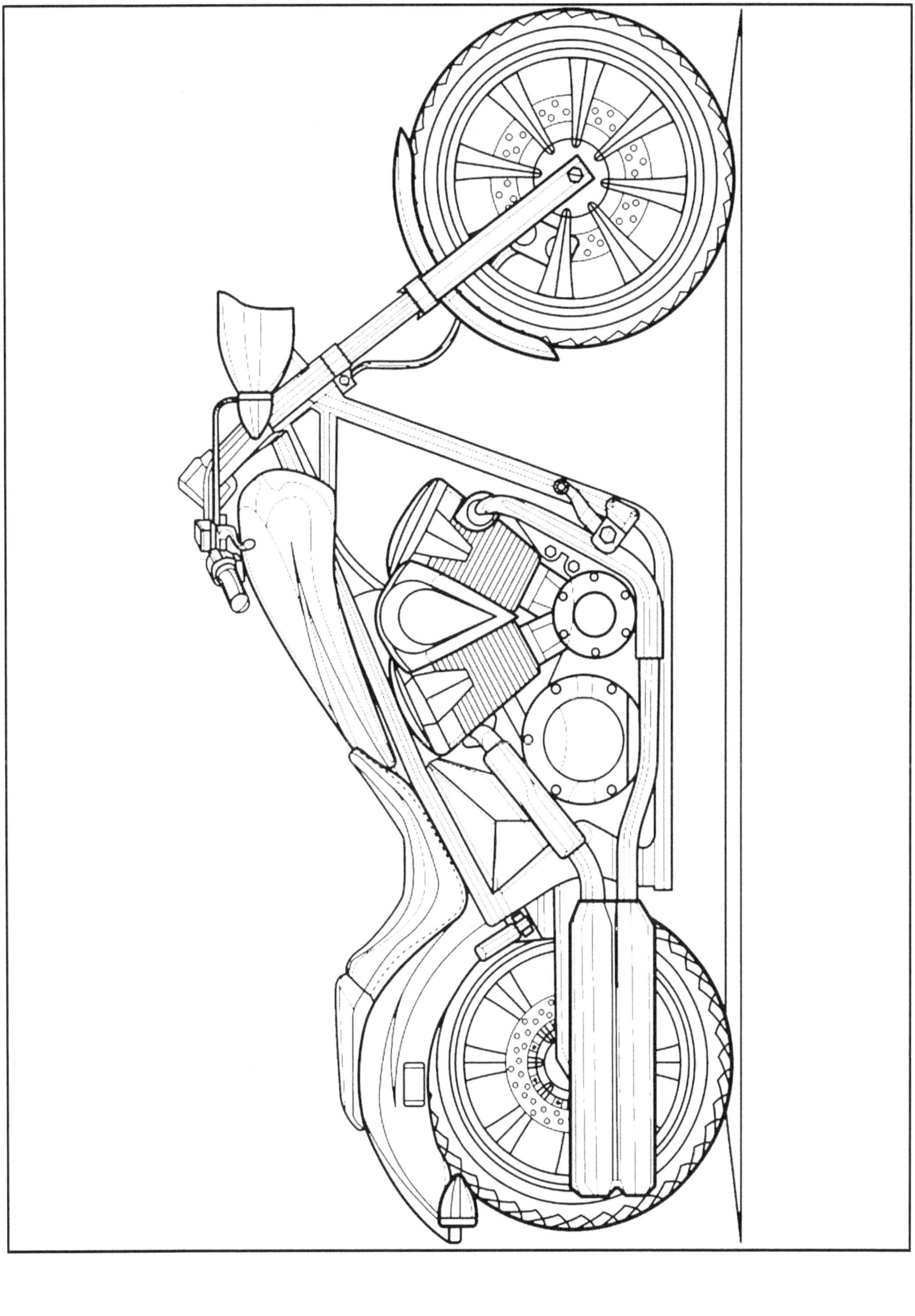

Test Your Color

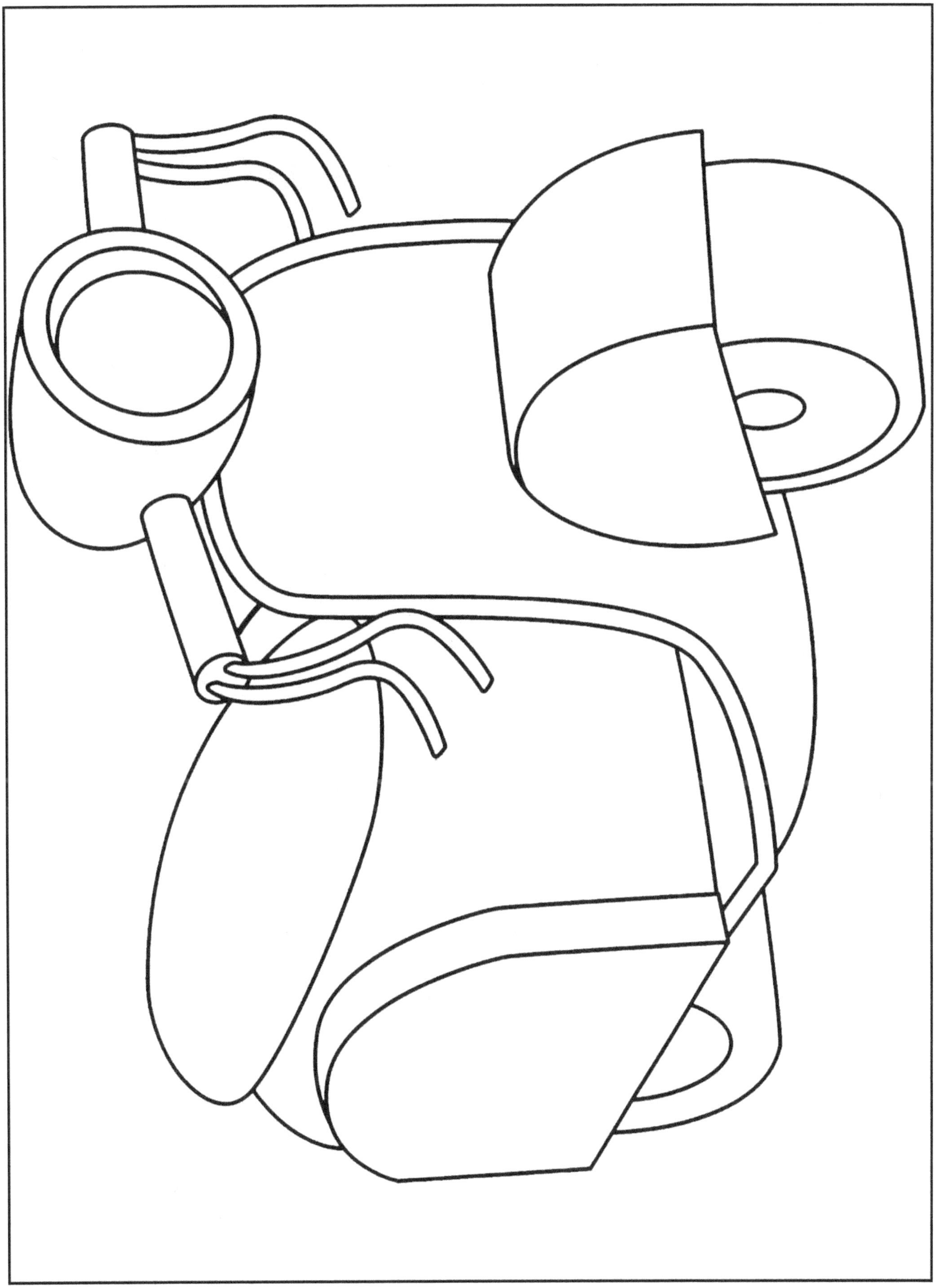

Test Your Color

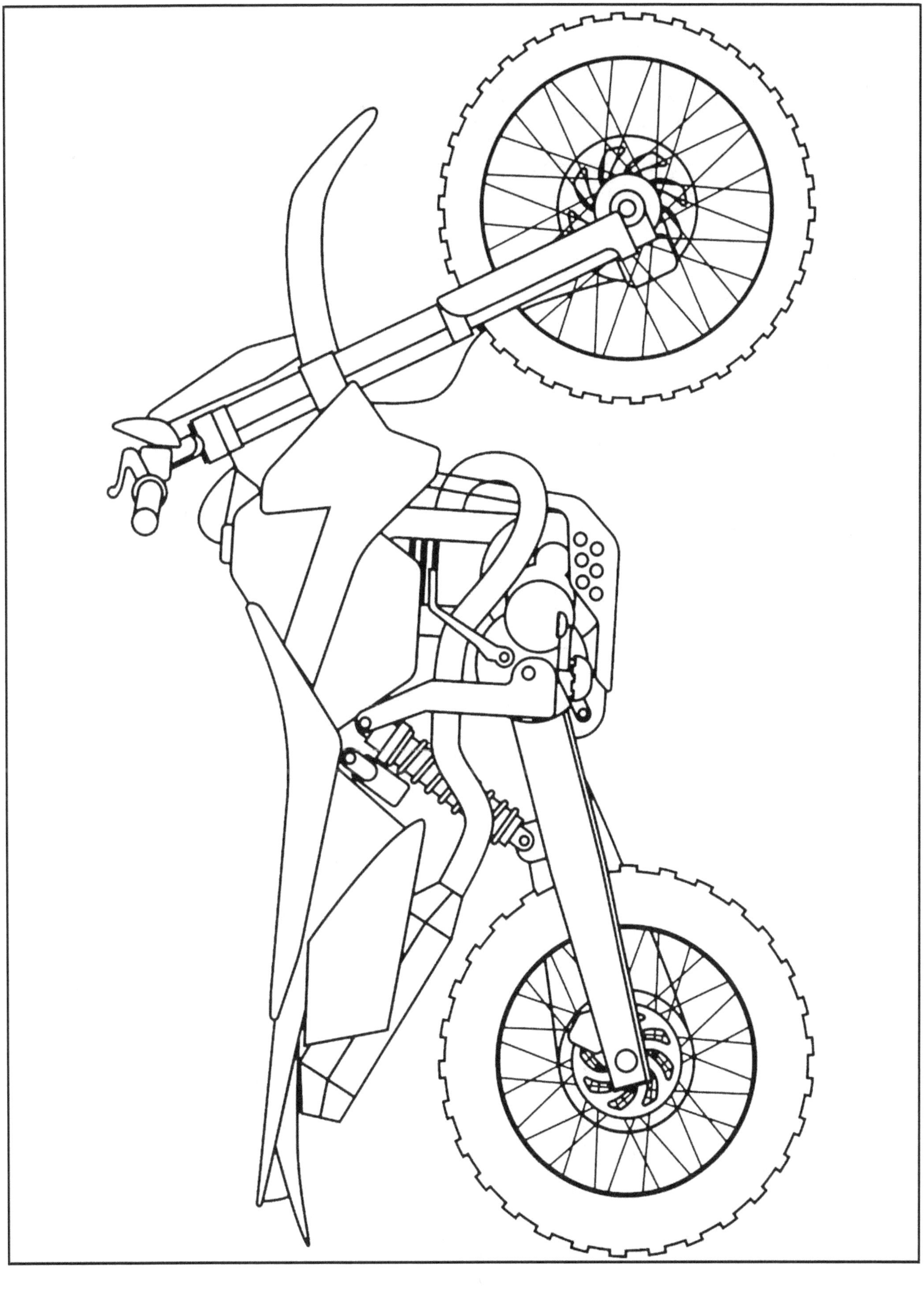

Test Your Color

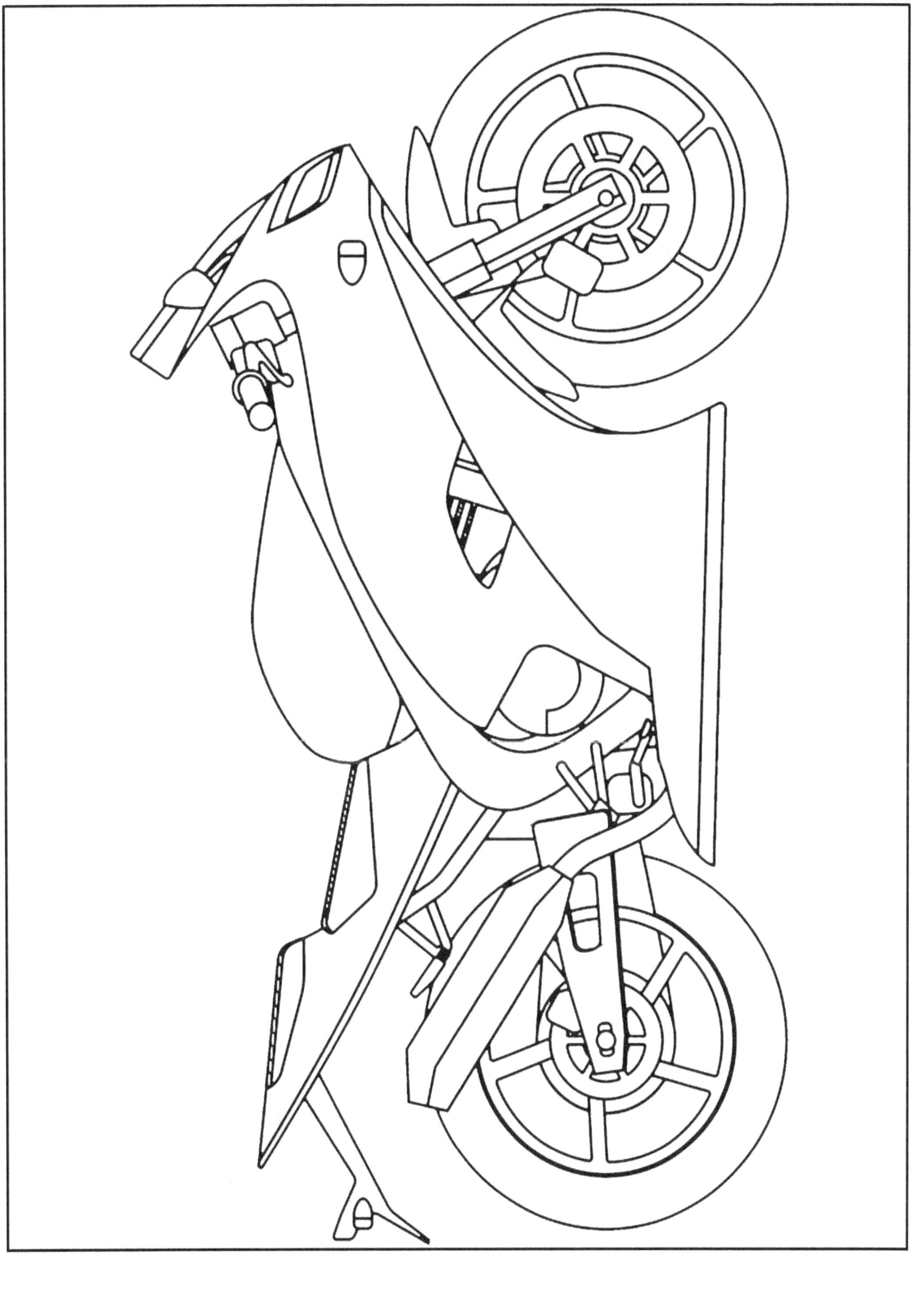

Test Your Color

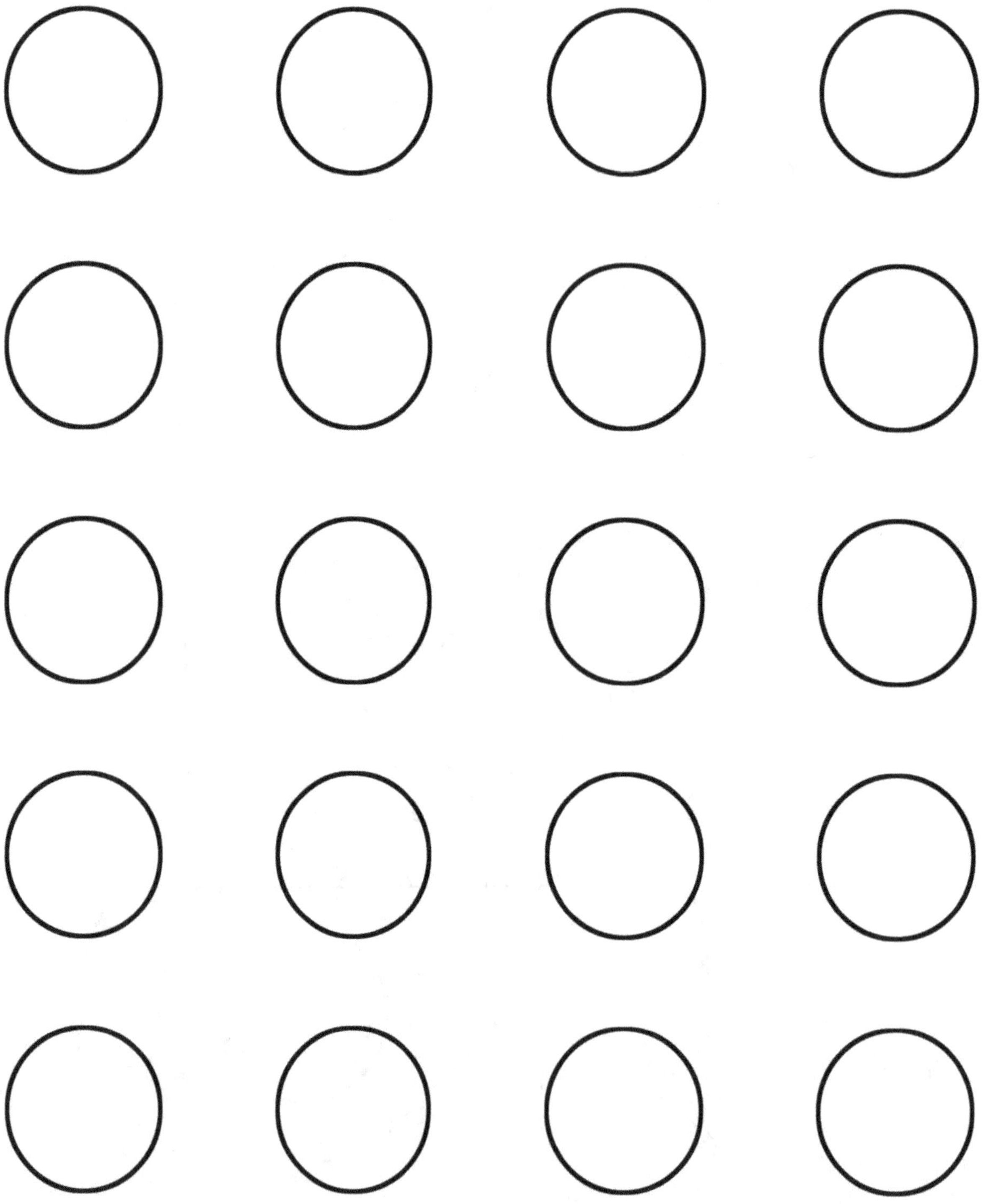

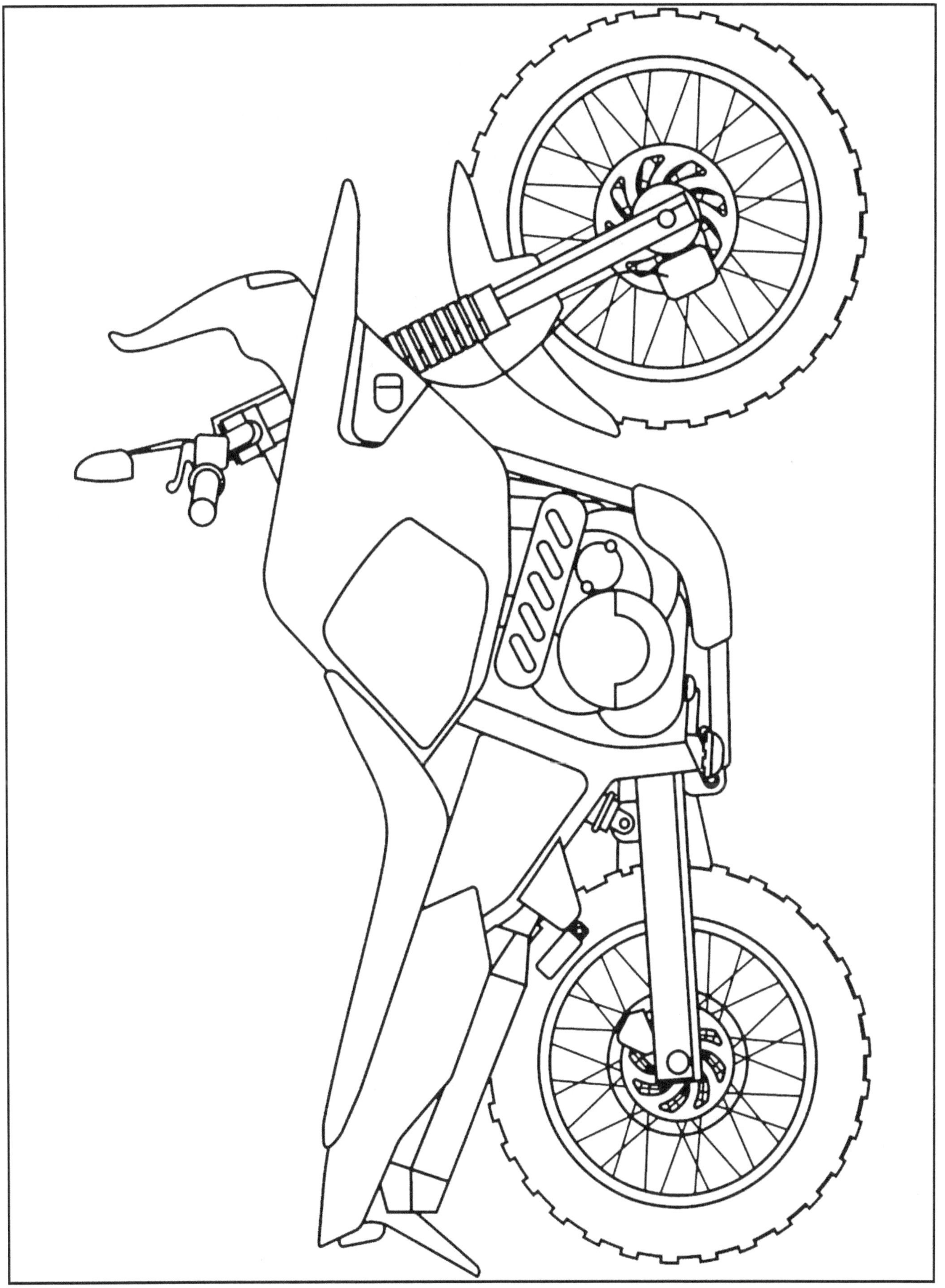

Test Your Color

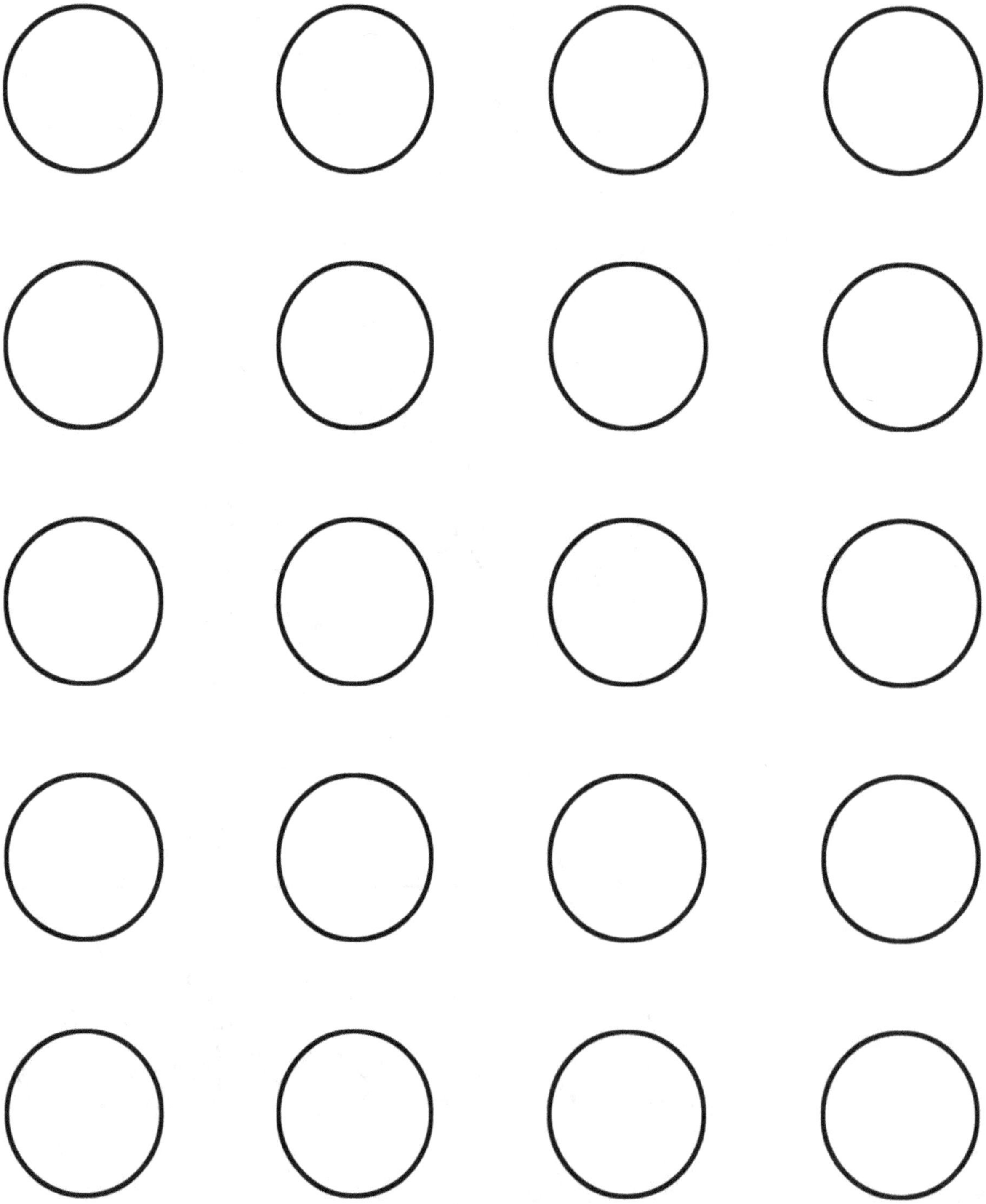

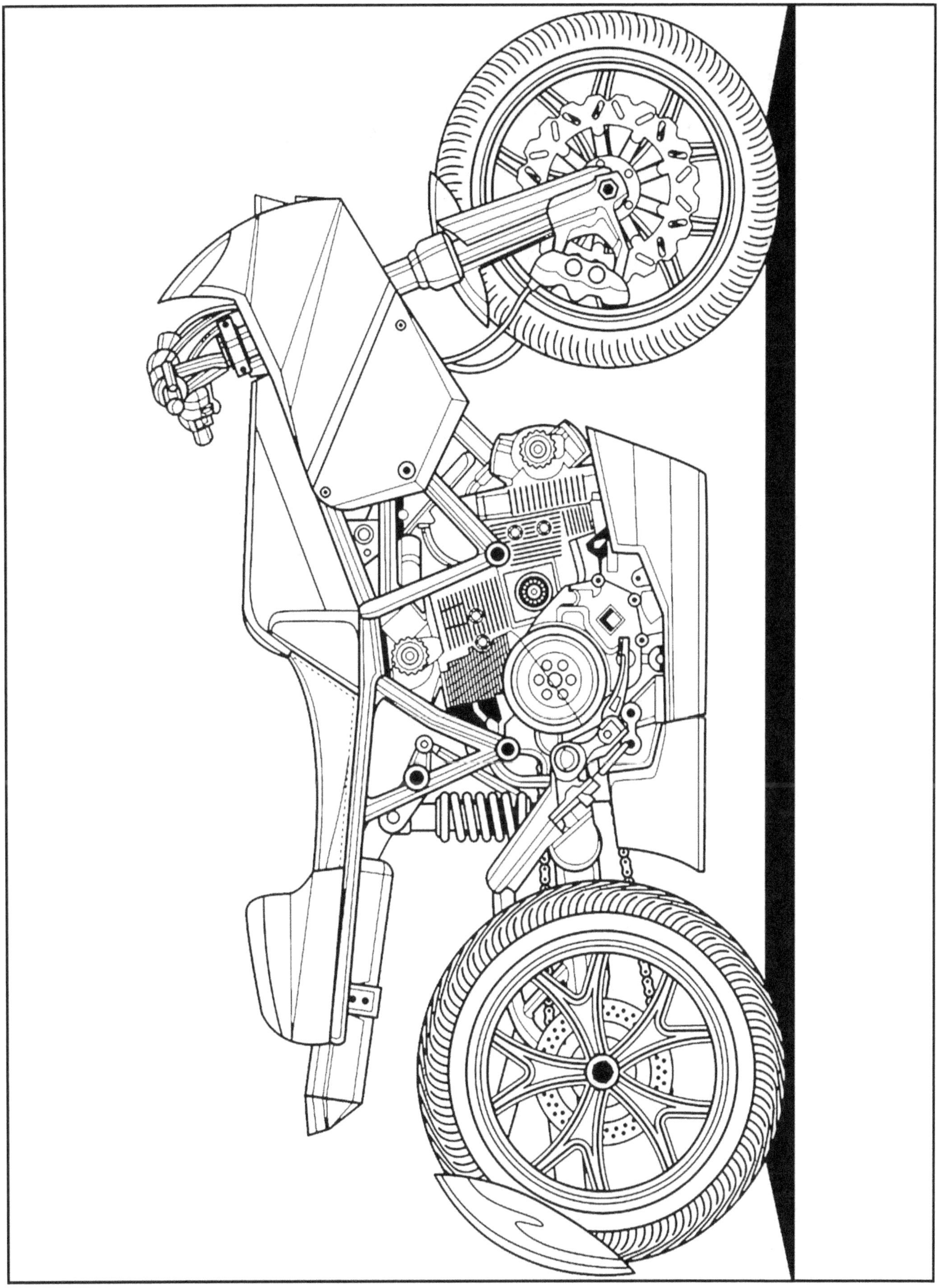

Test Your Color

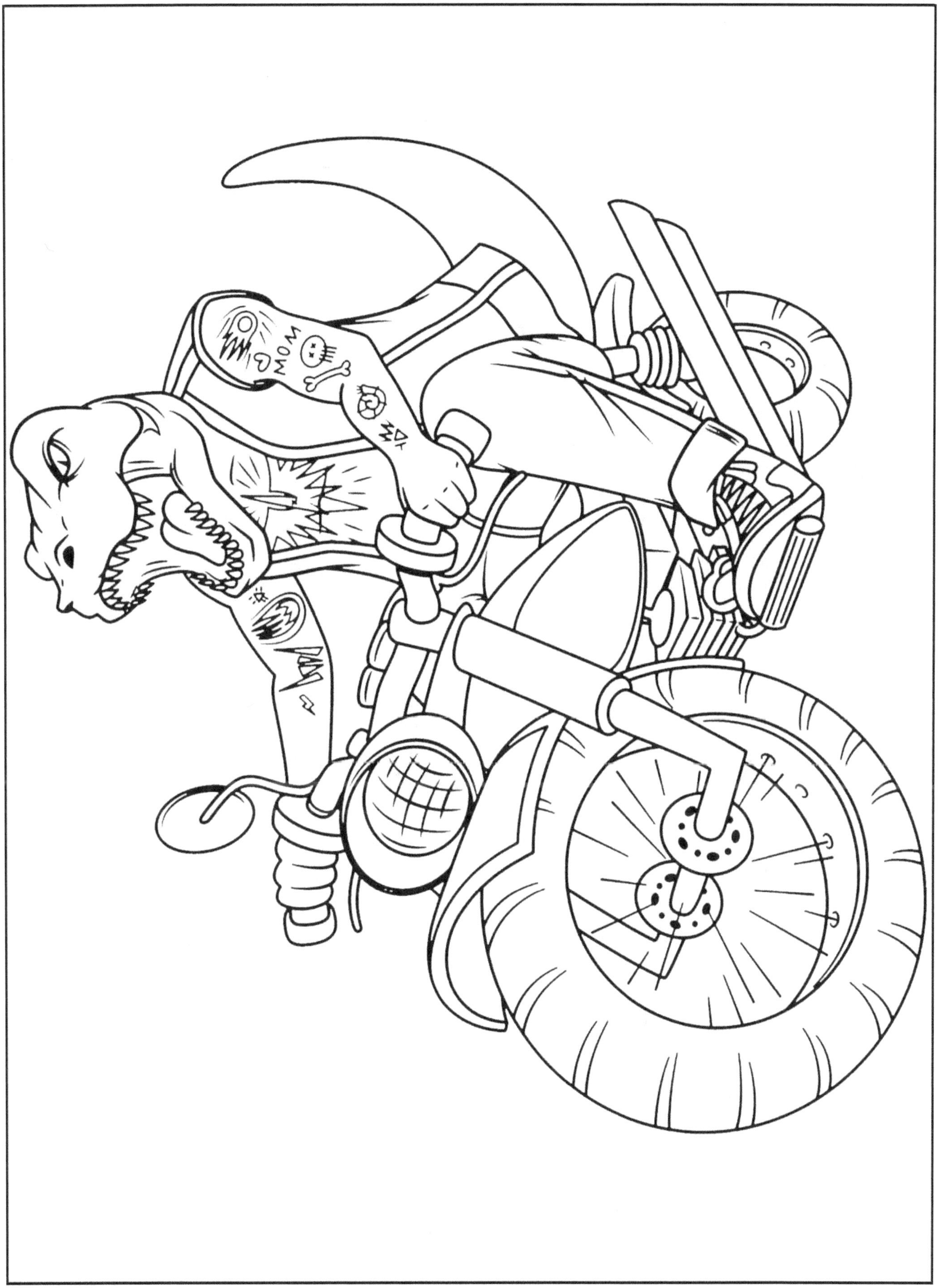
MOM

Test Your Color

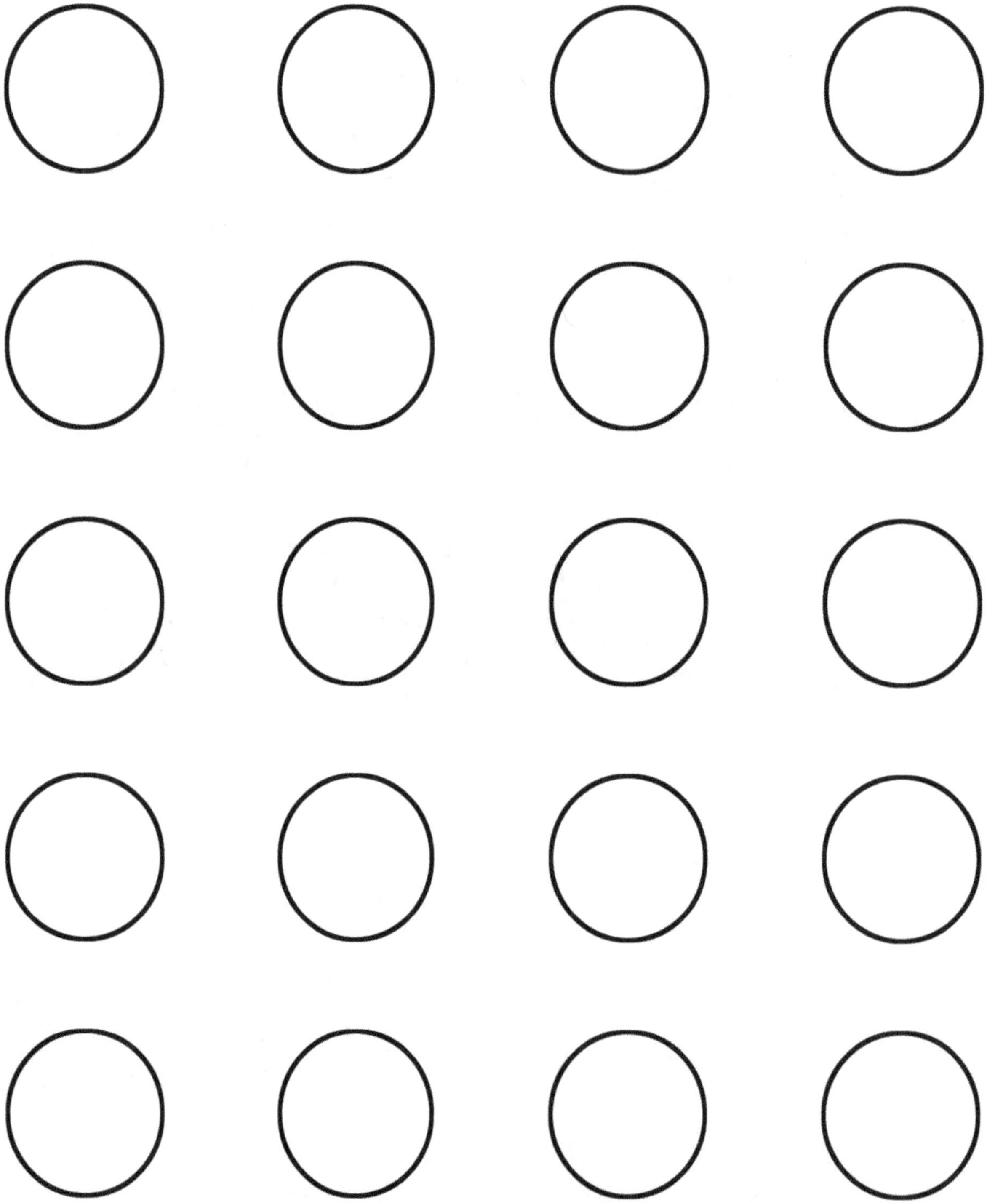

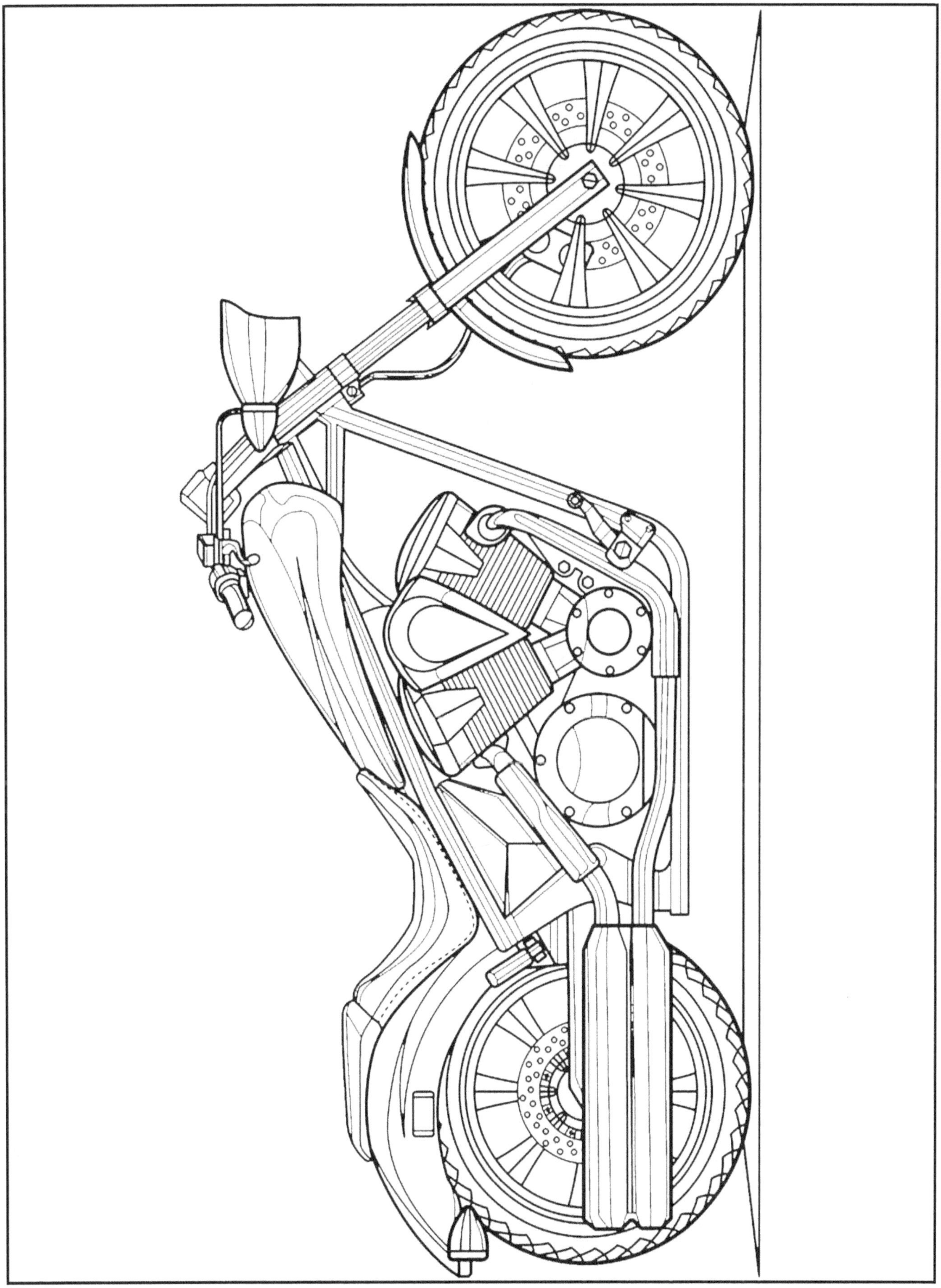

Test Your Color

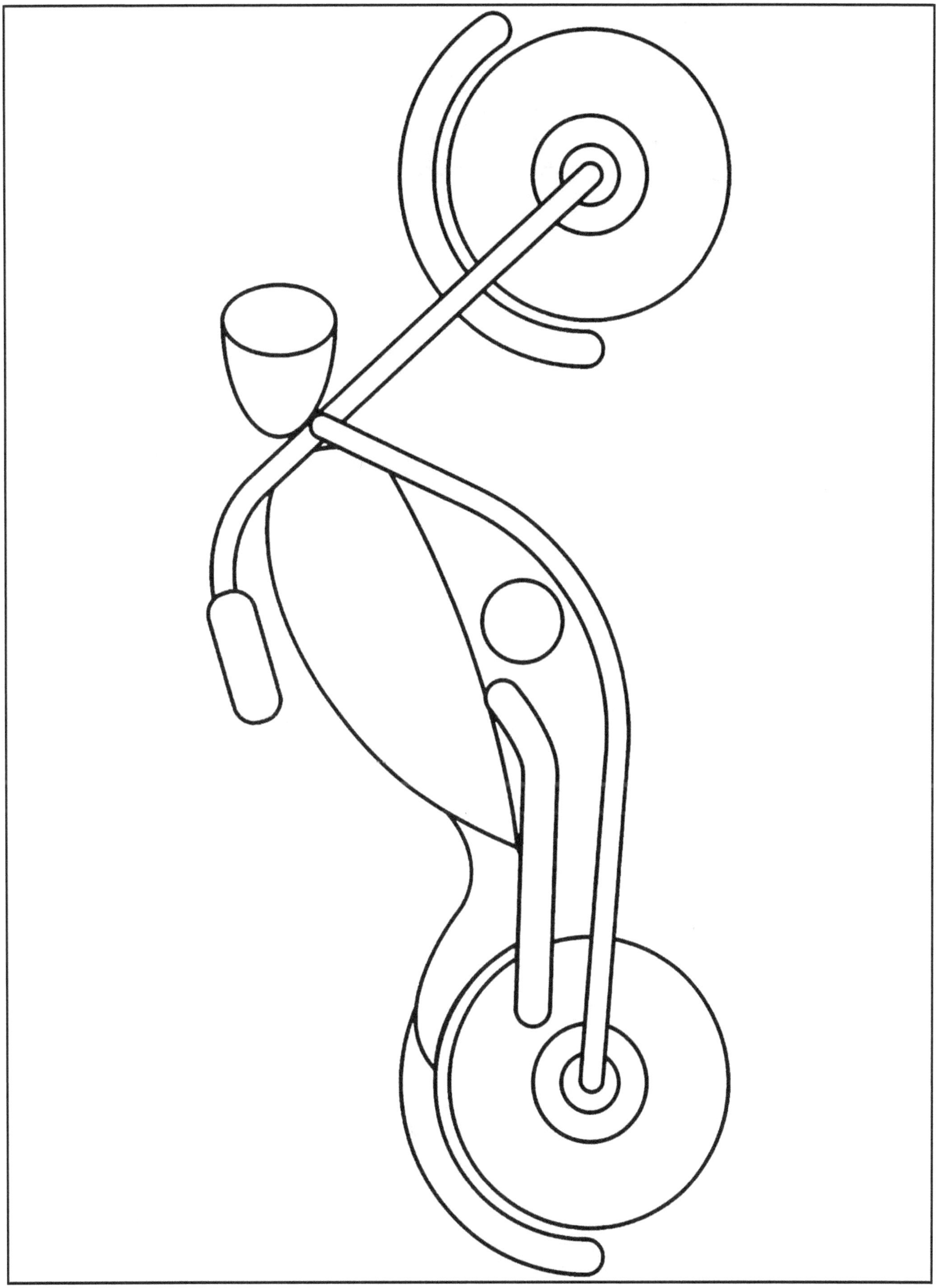

Test Your Color

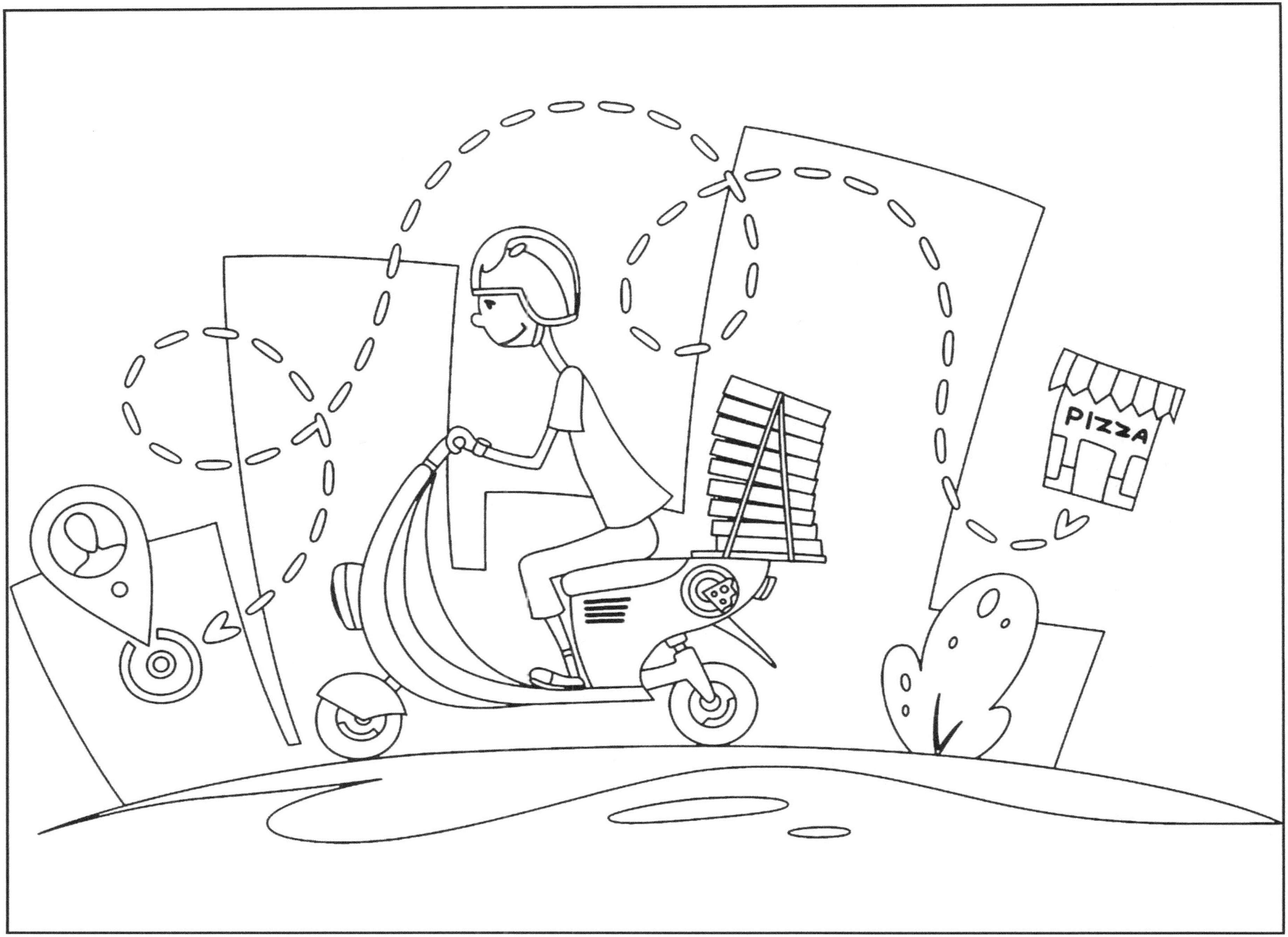
PIZZA

Test Your Color

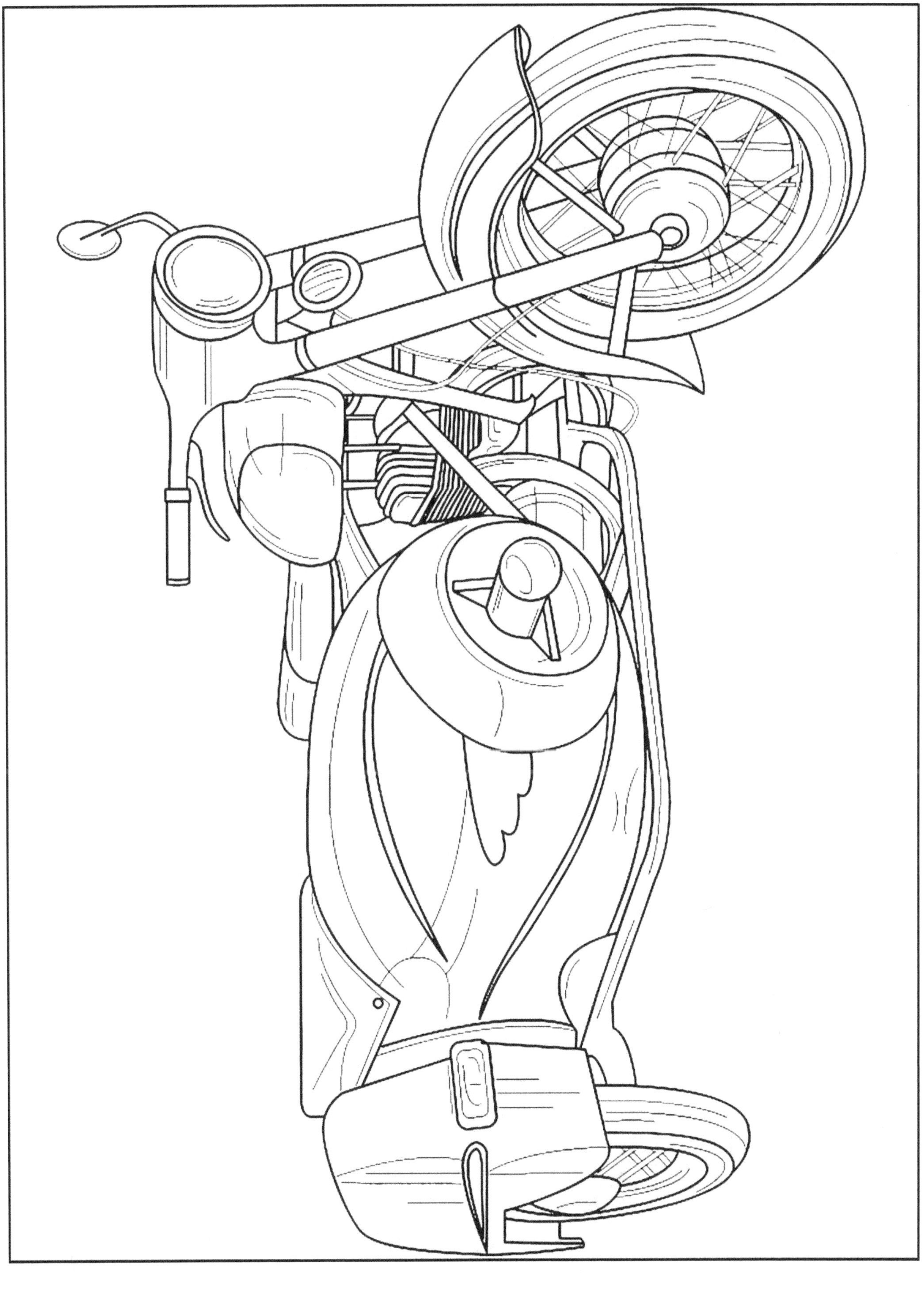

Test Your Color

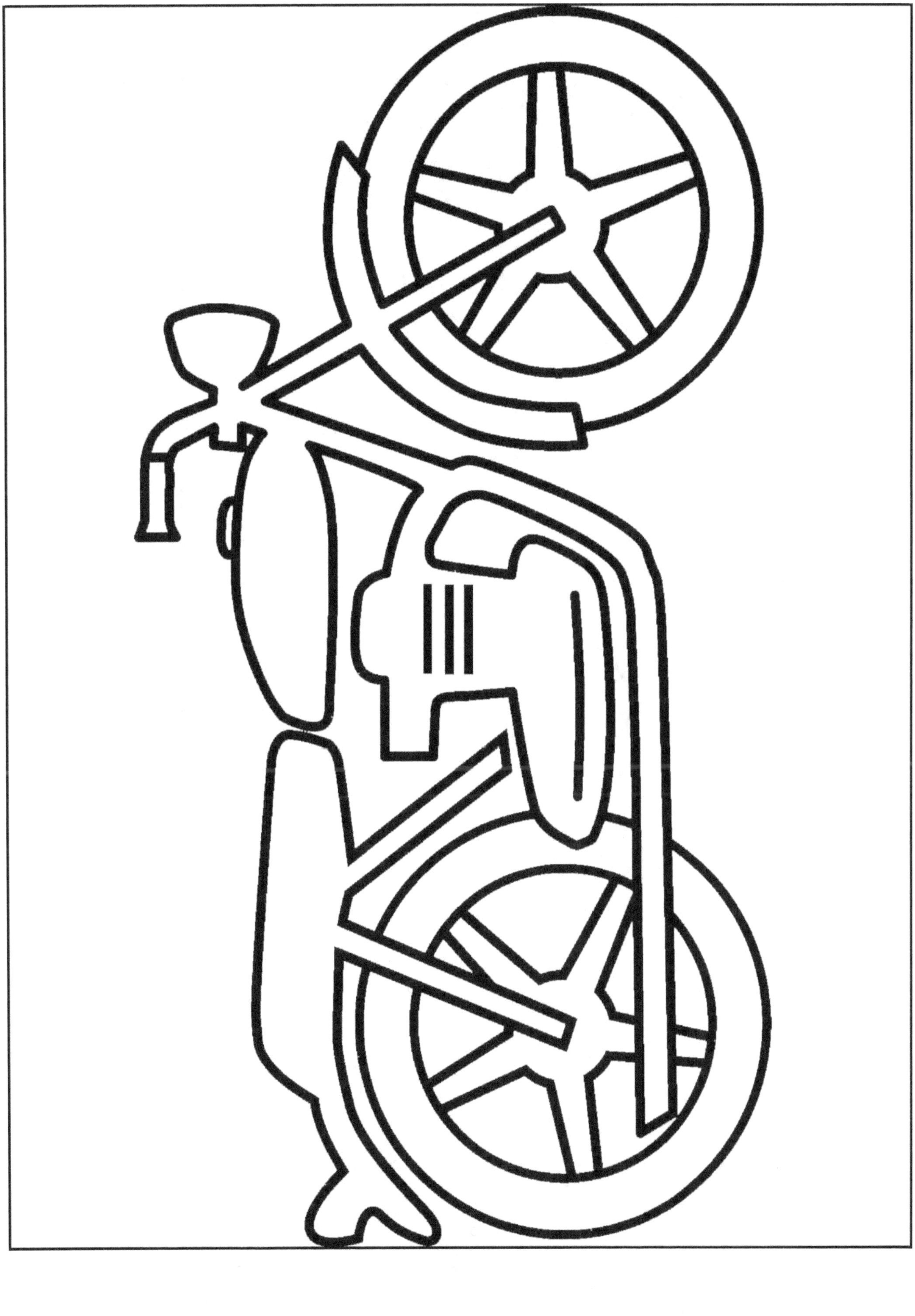

Test Your Color

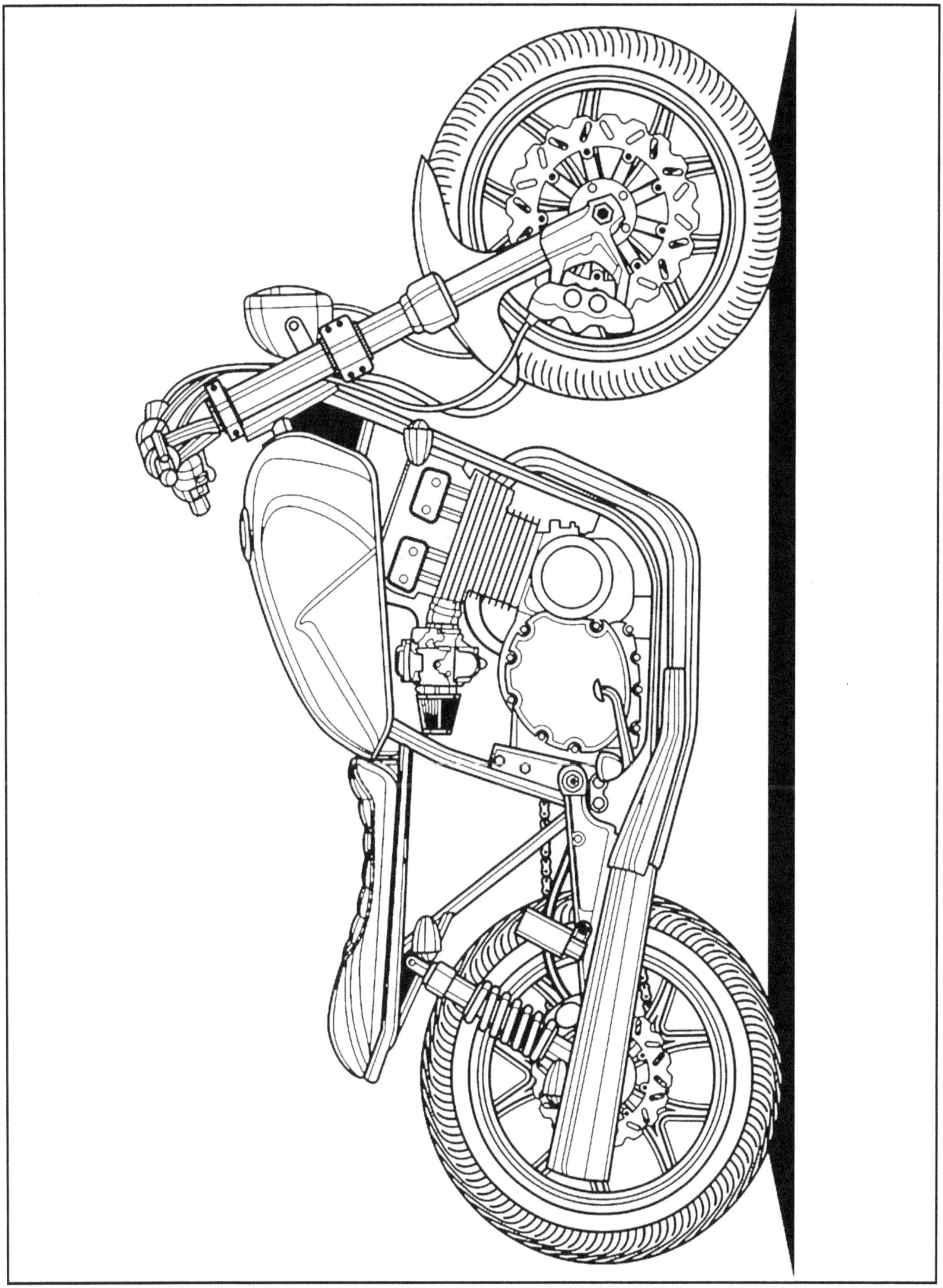

Test Your Color

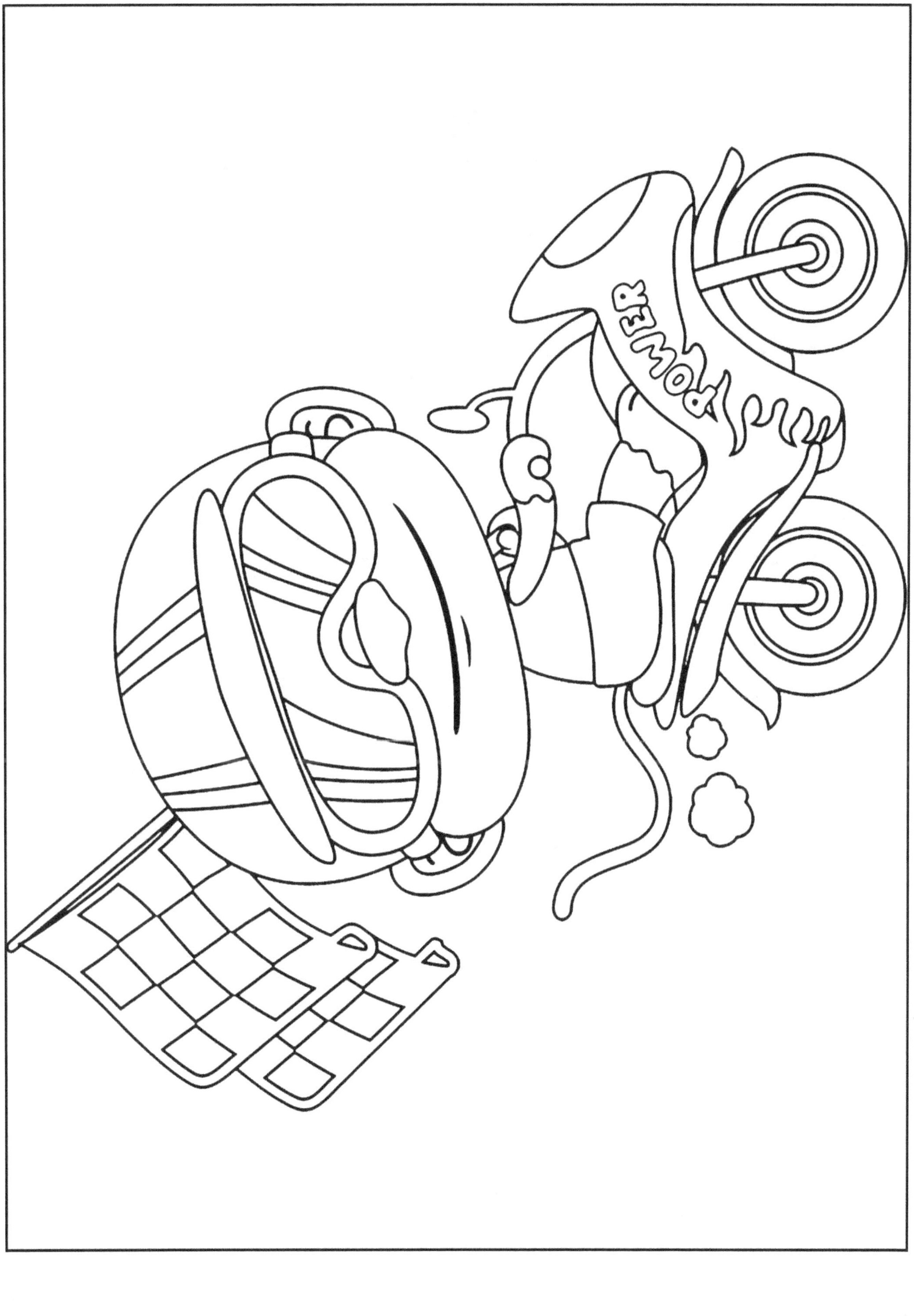
POWER

Test Your Color

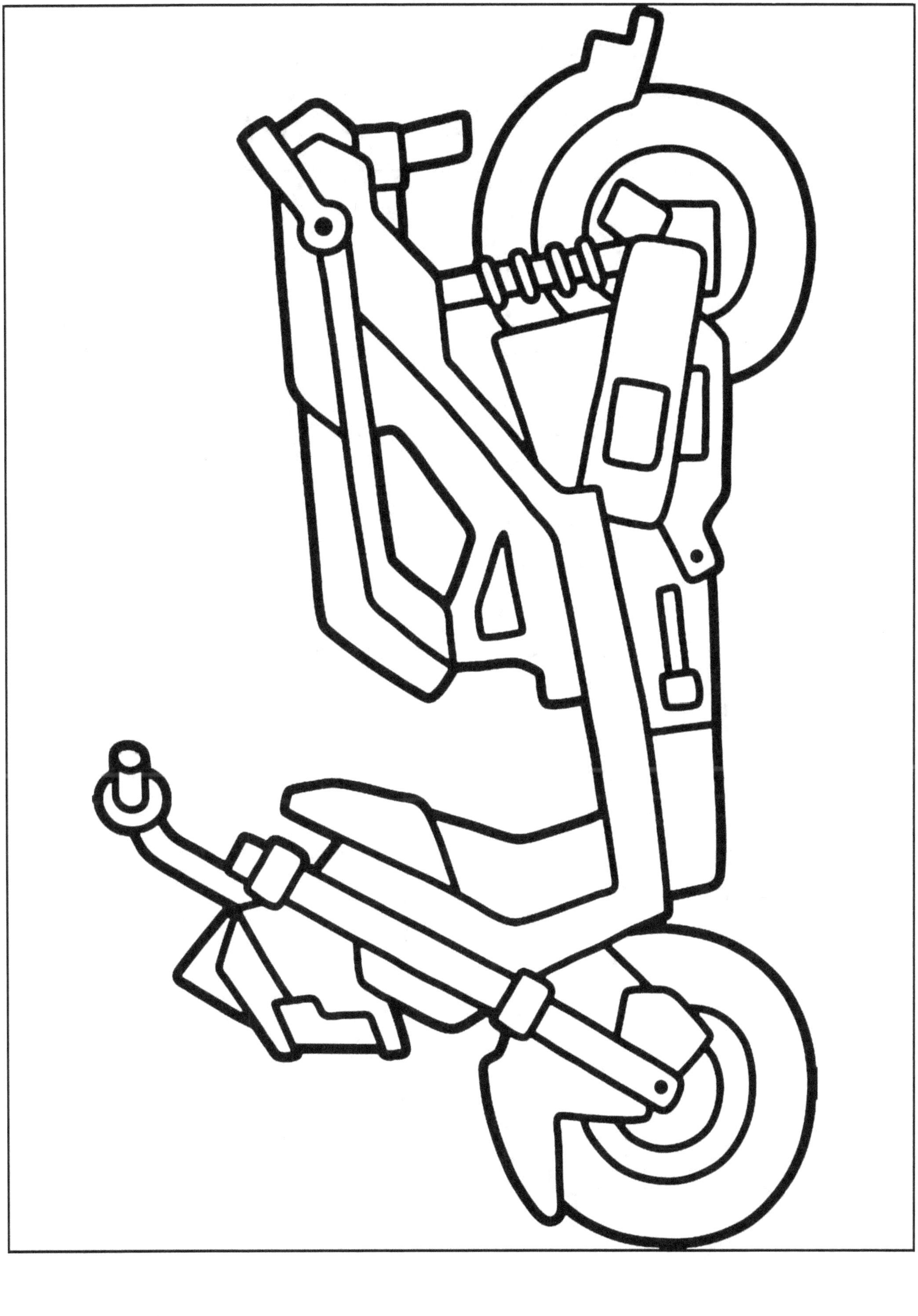

Test Your Color

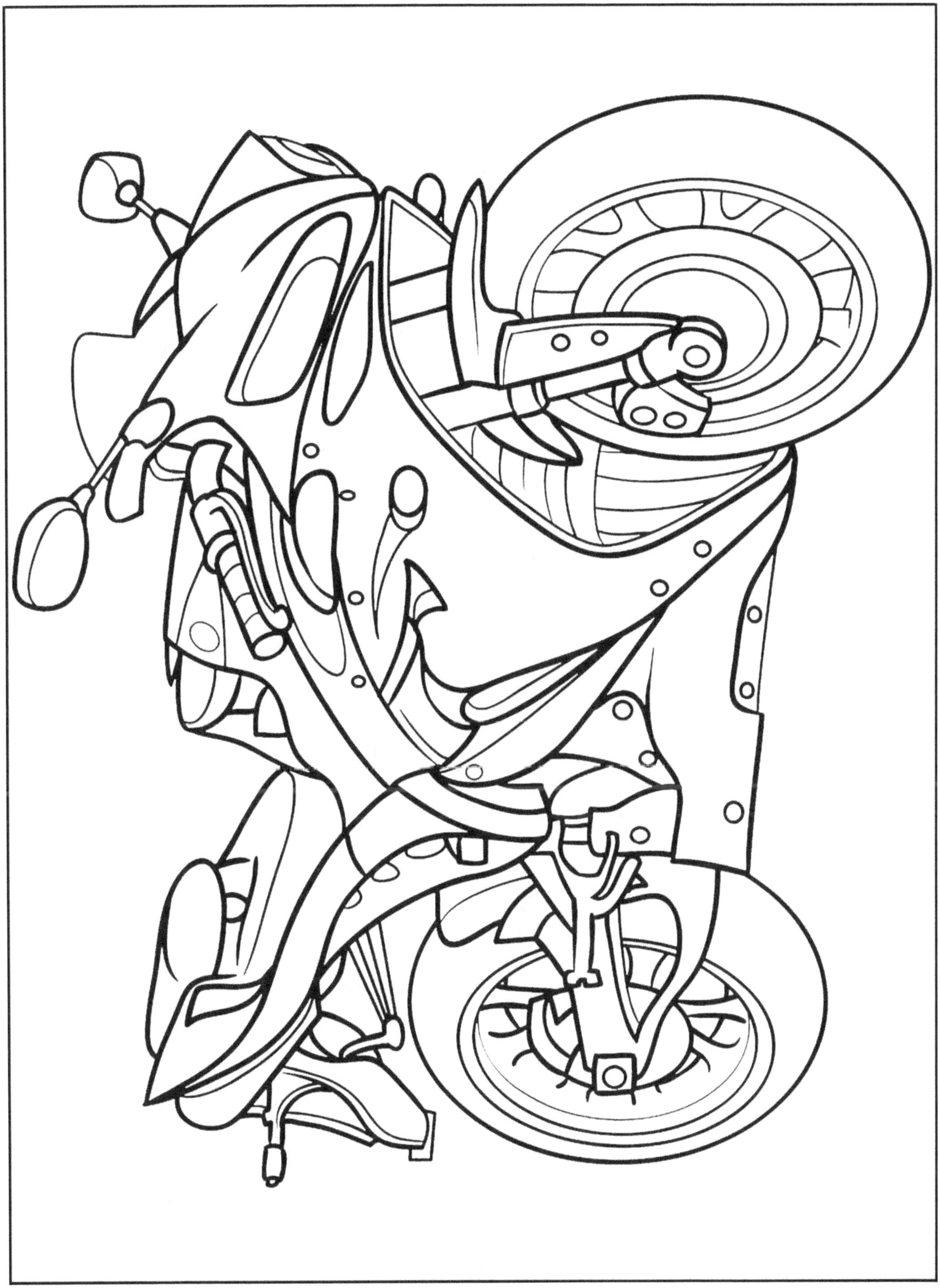

Test Your Color

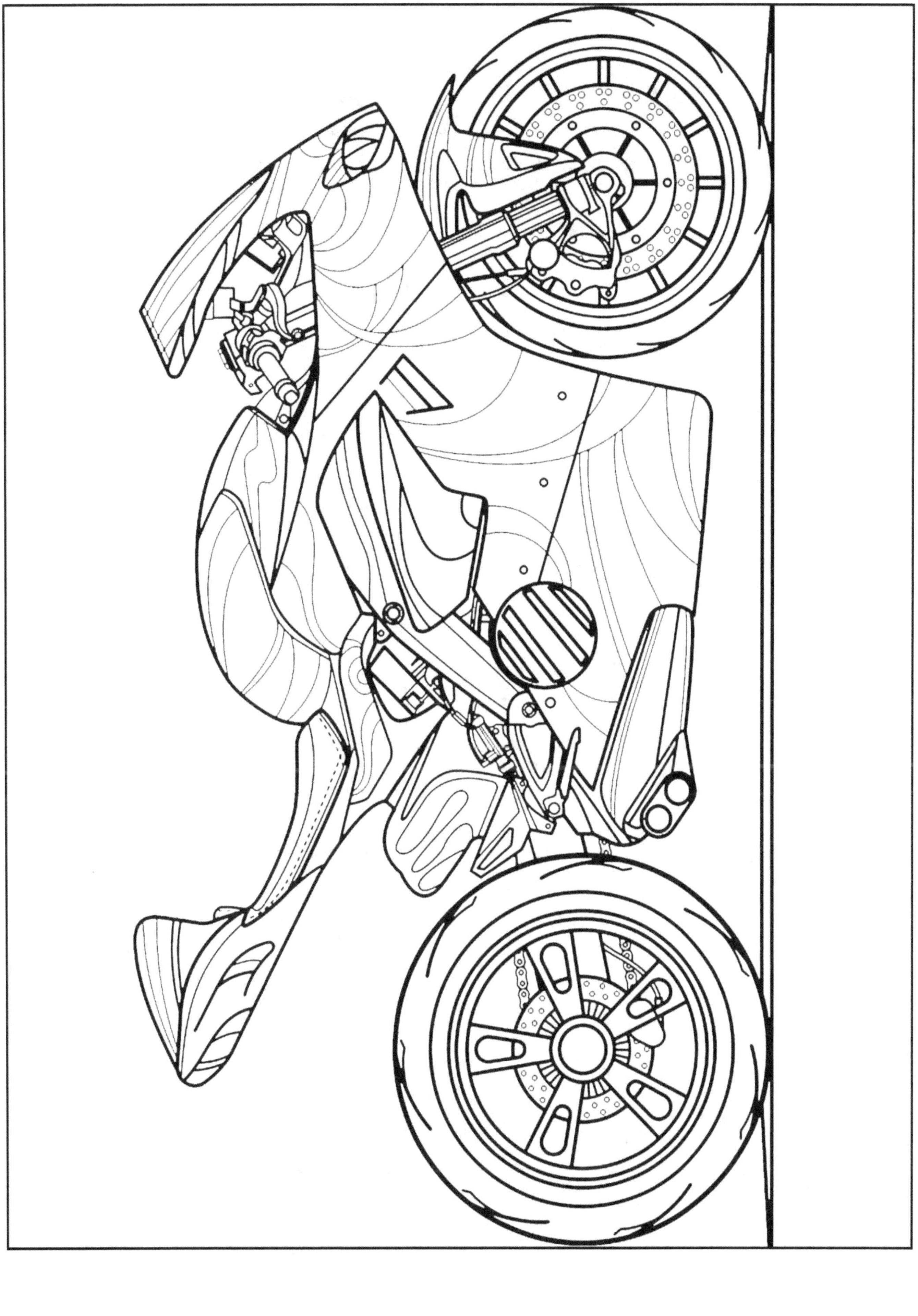

Test Your Color

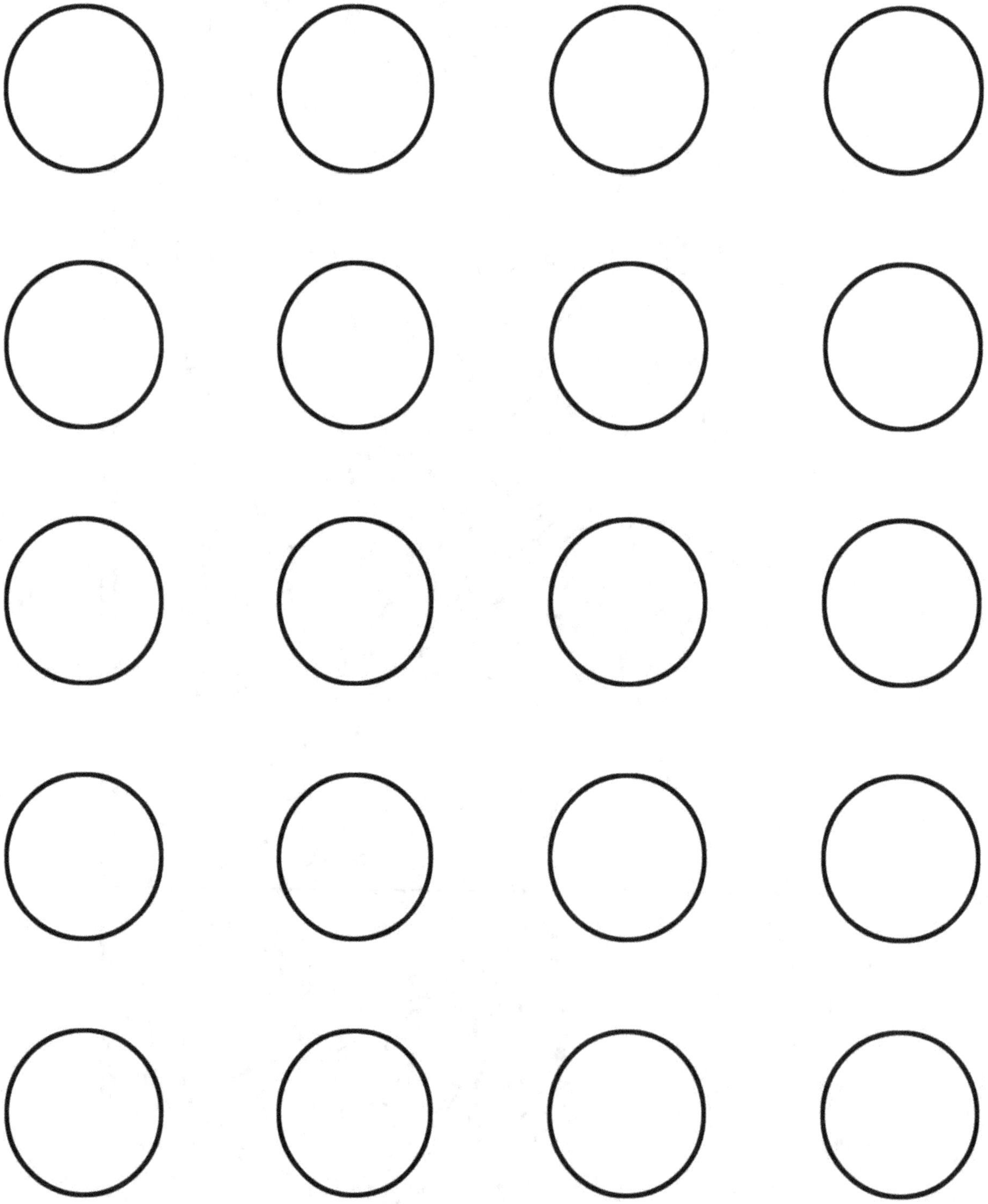

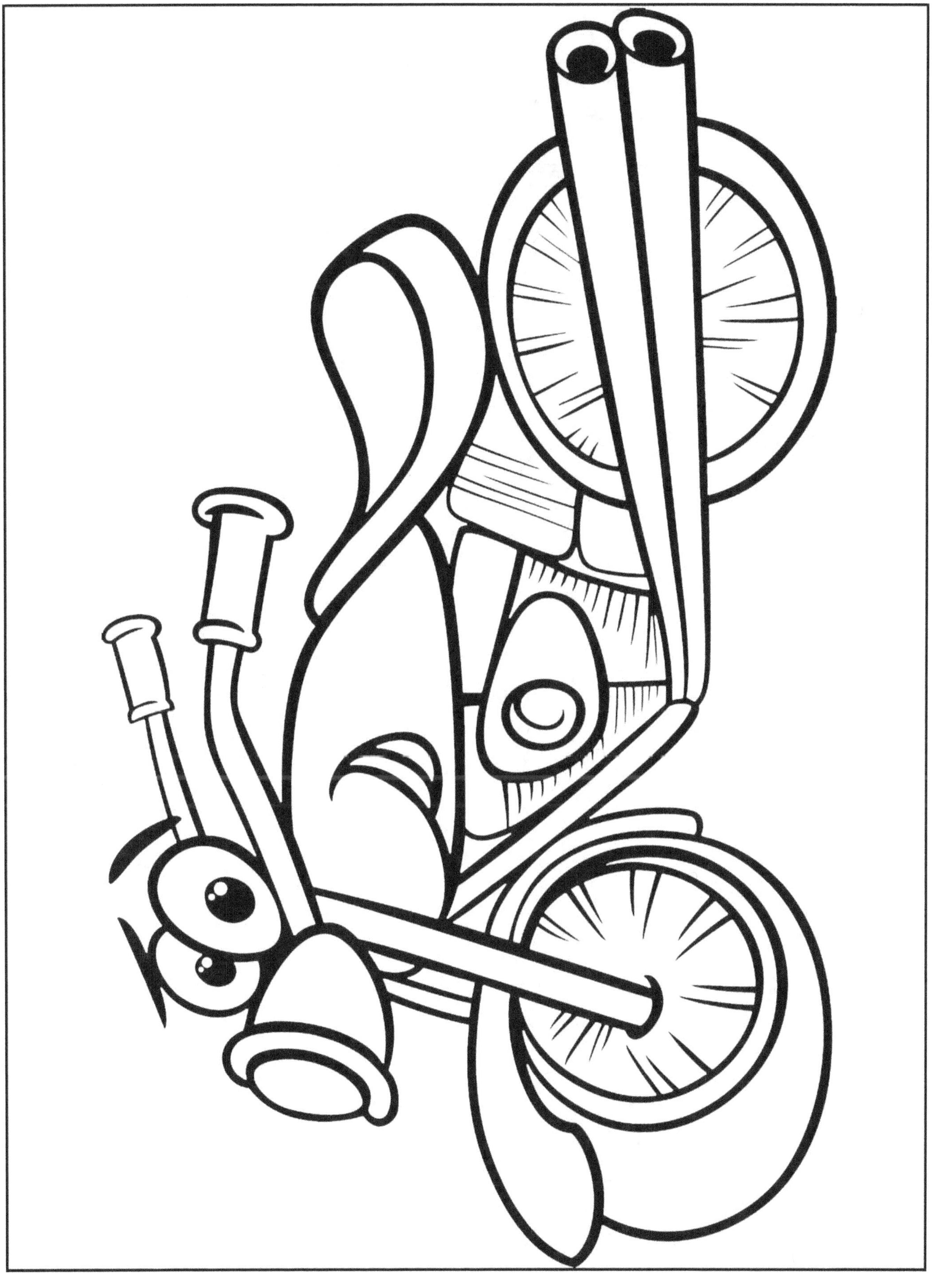

Test Your Color

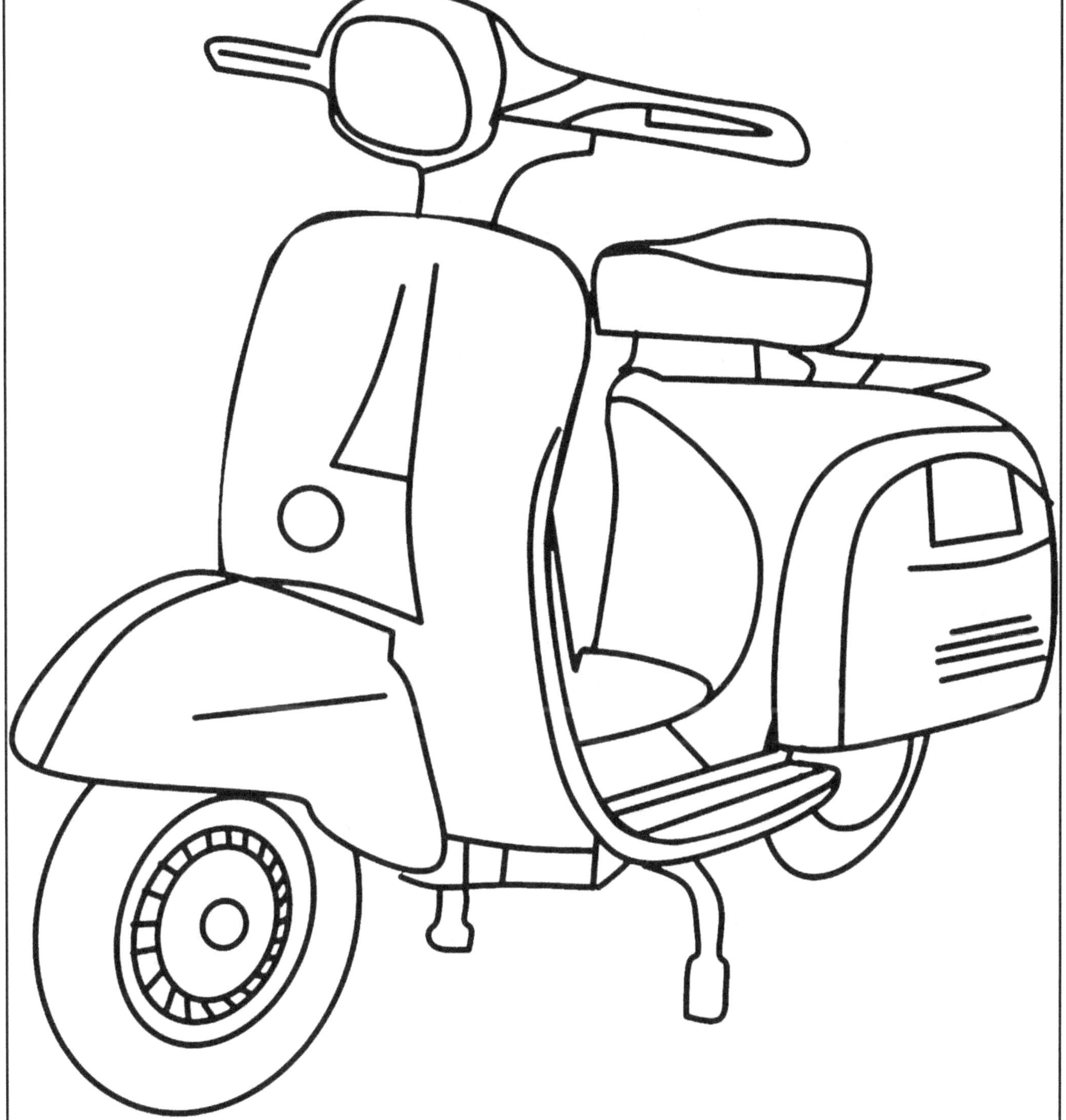

Test Your Color

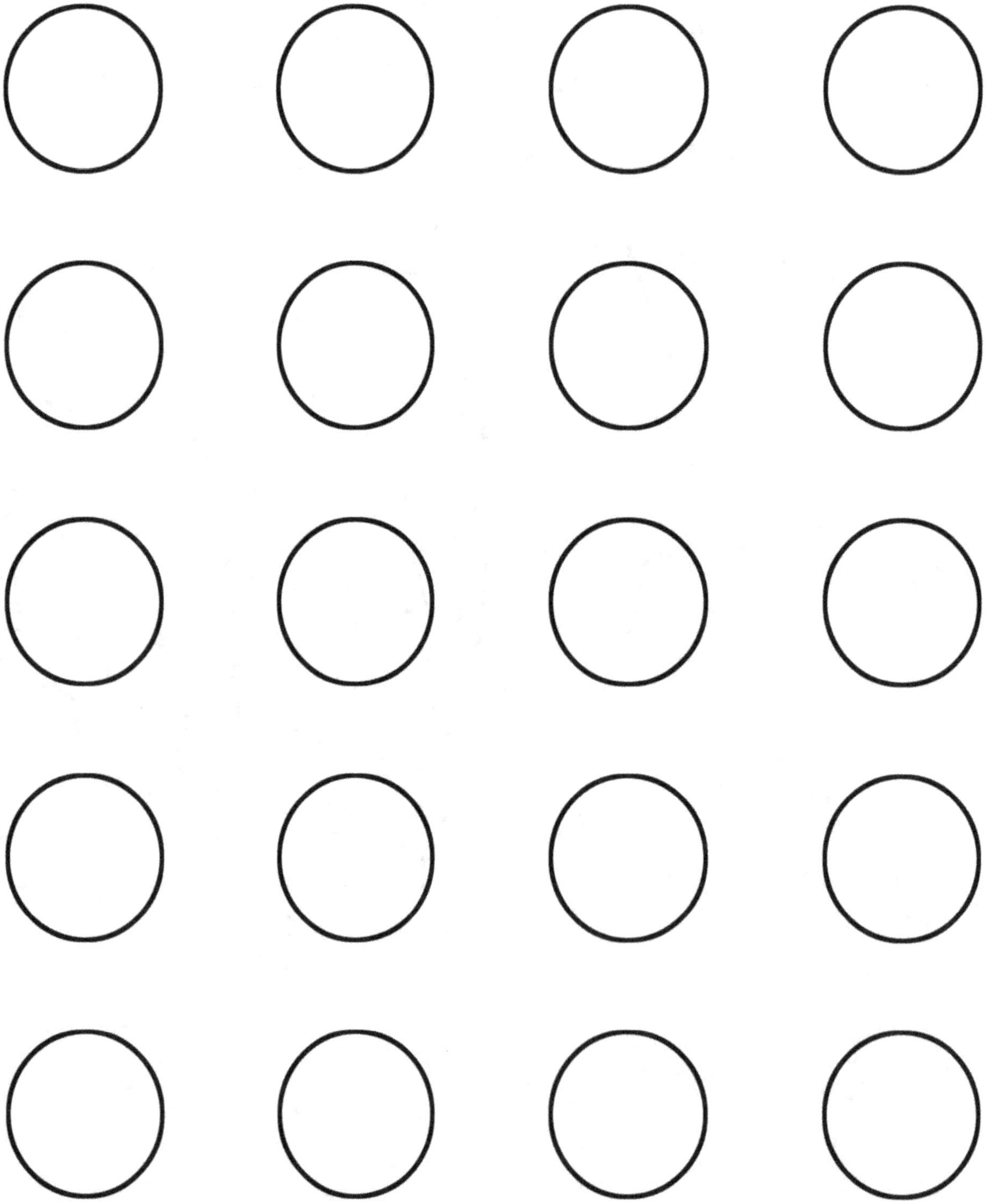

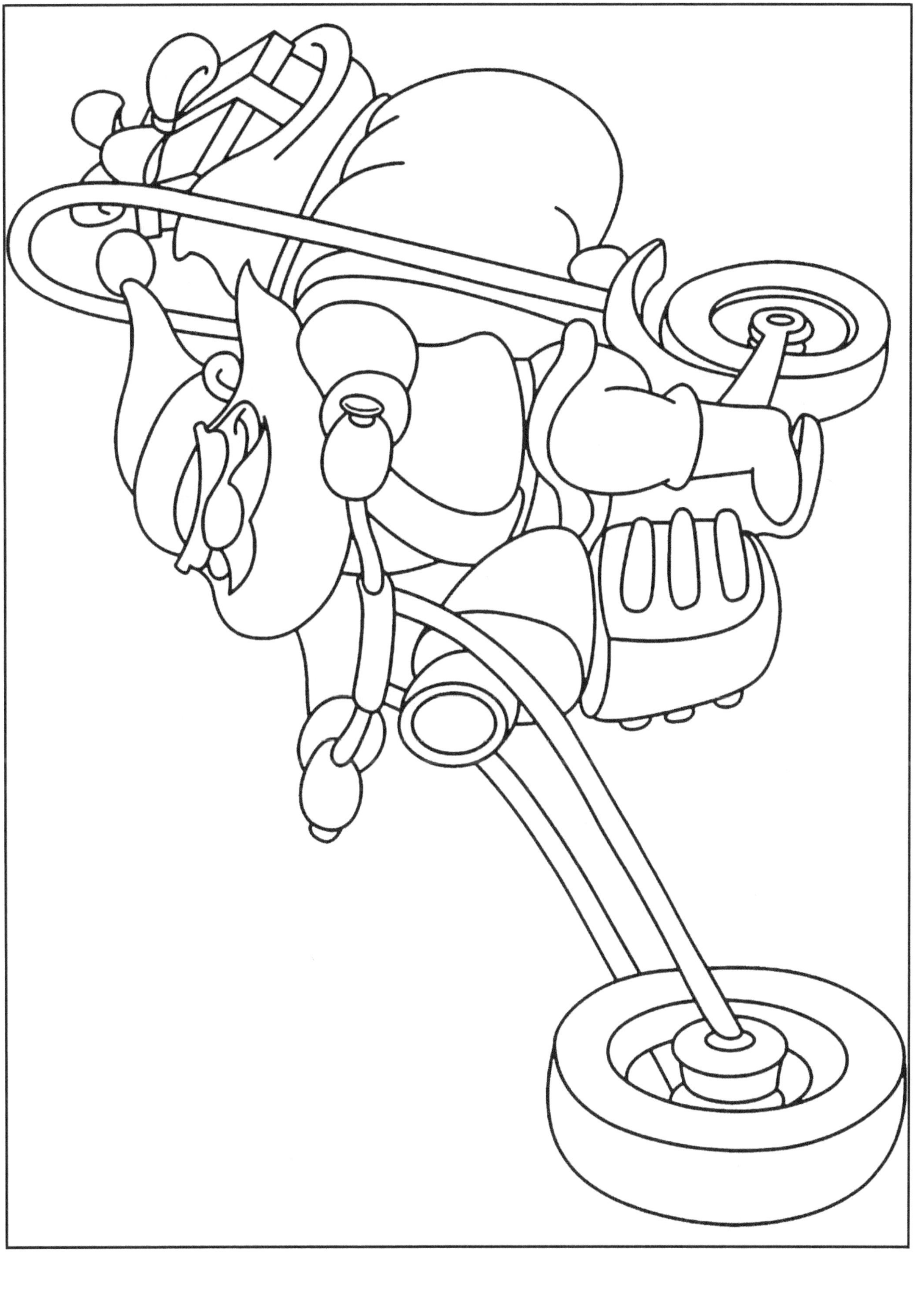

Test Your Color

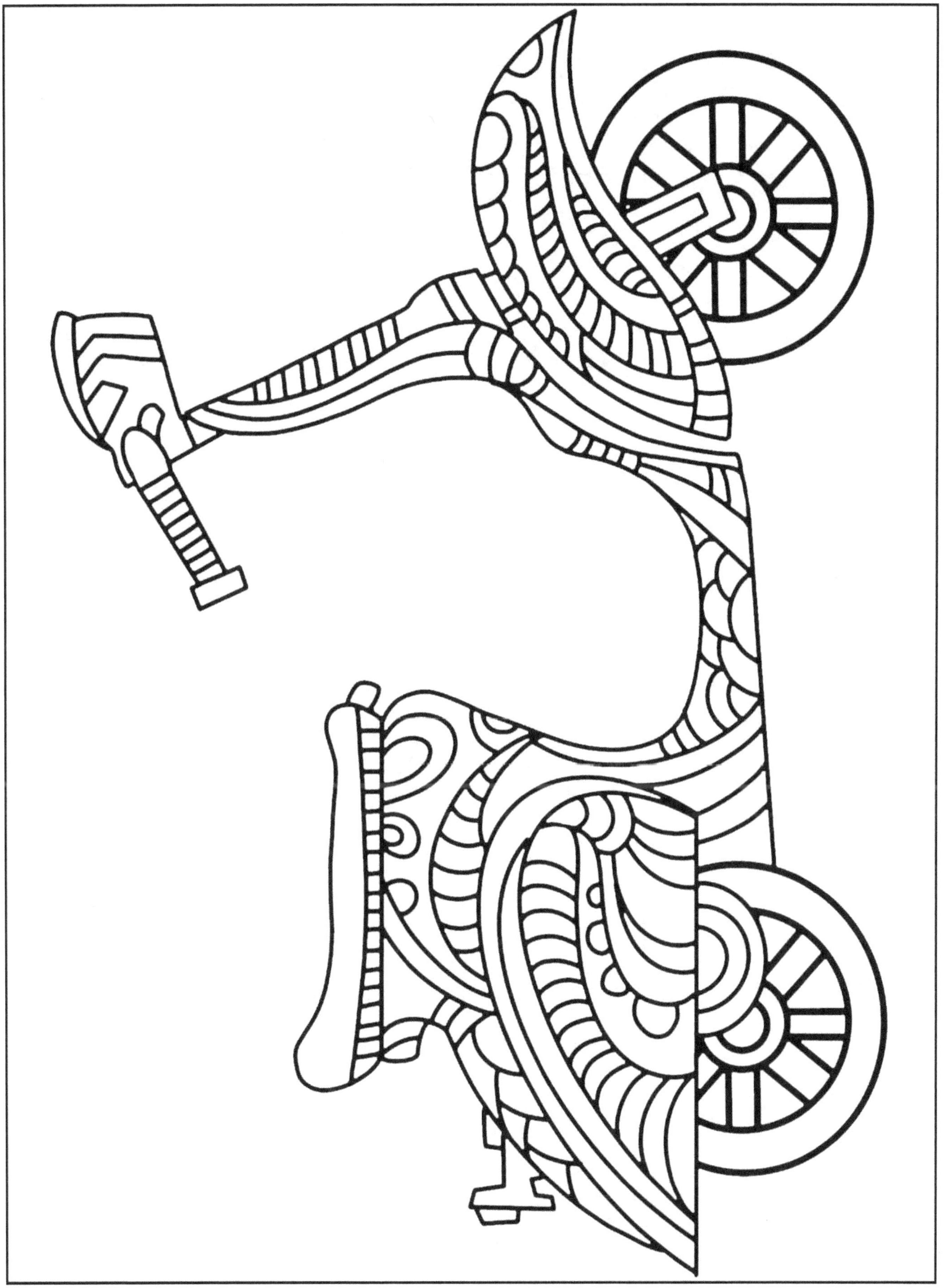

Test Your Color

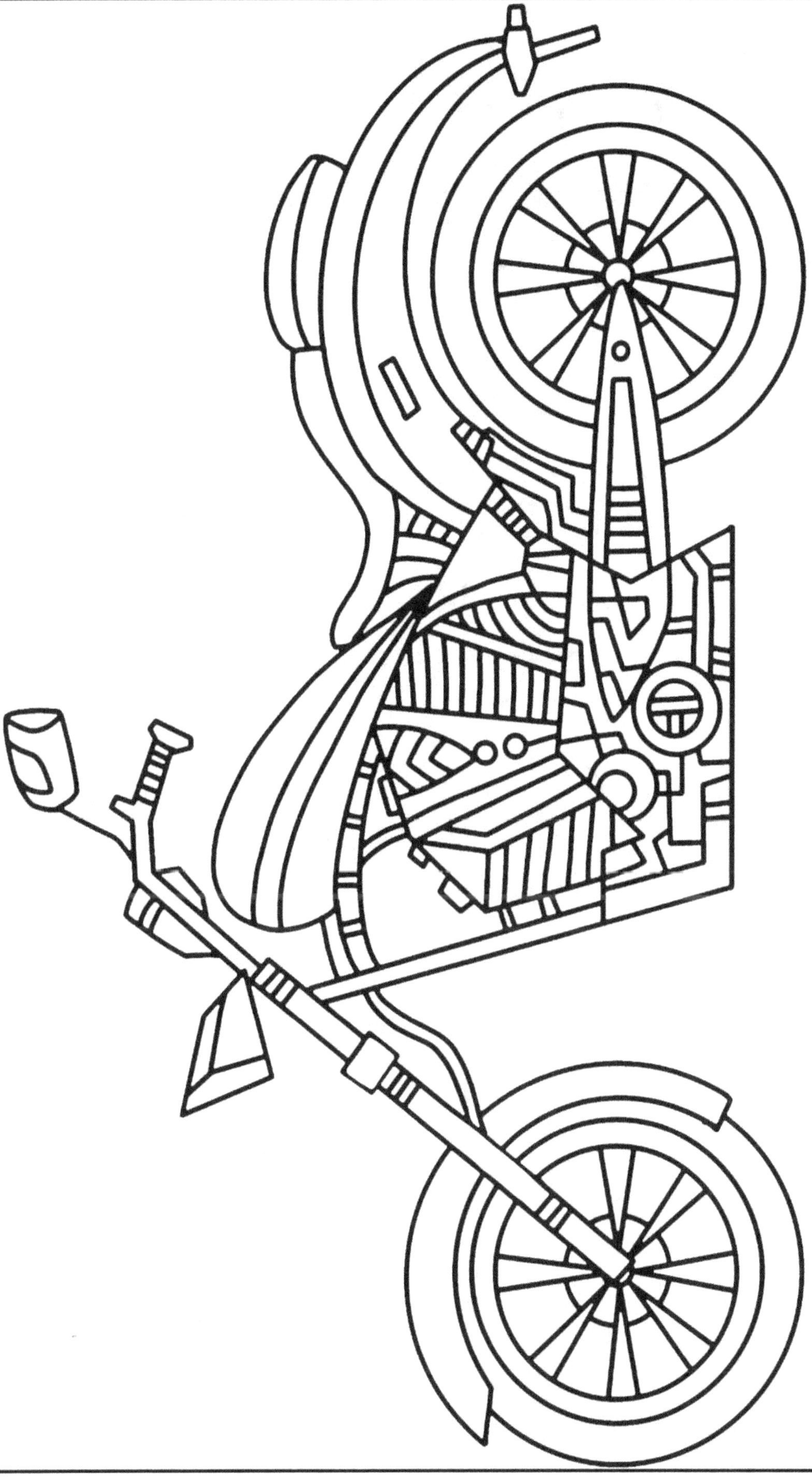

Test Your Color

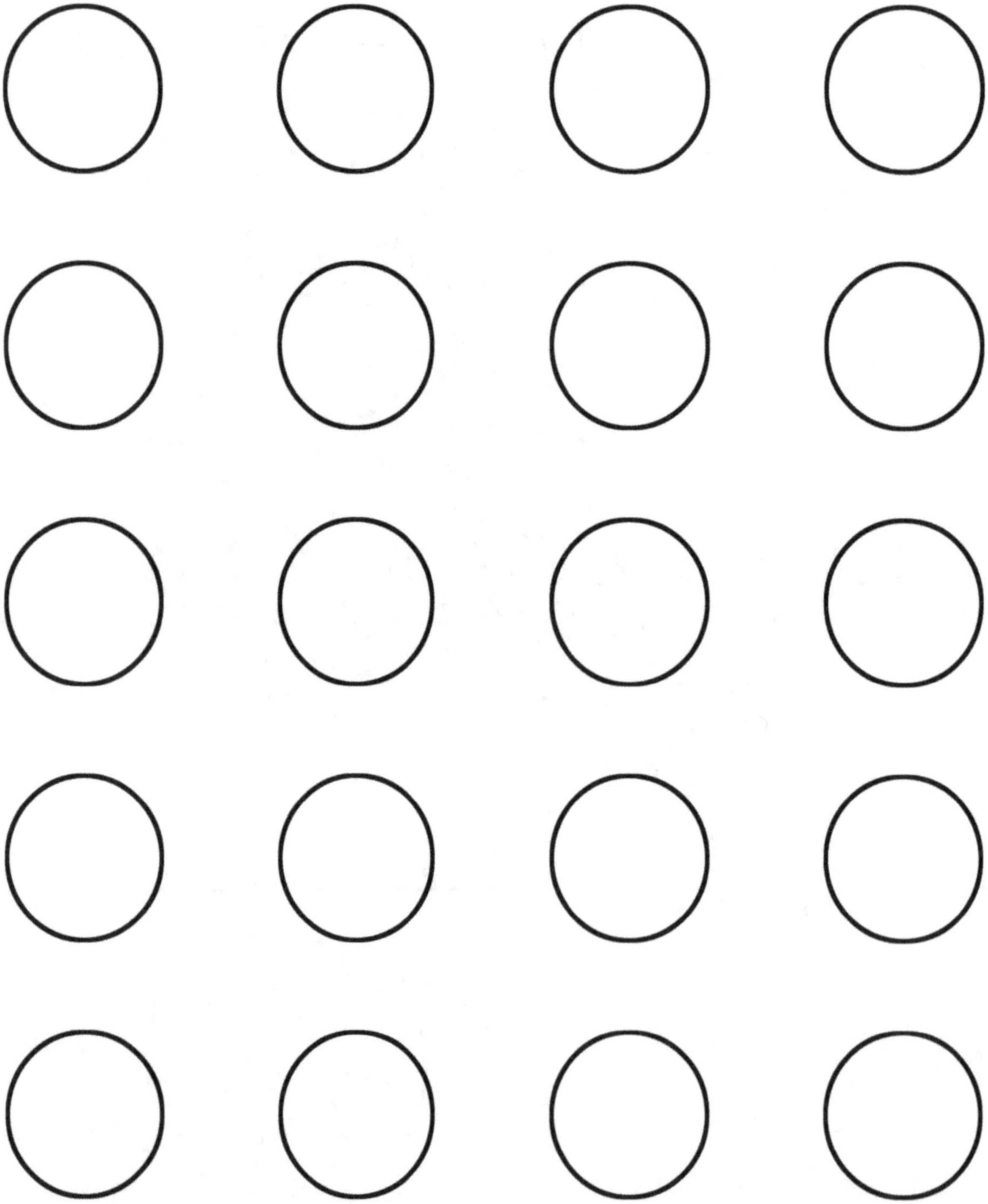

www.ingramcontent.com/pod-product-compliance
Lightning Source LLC
Chambersburg PA
CBHW082149230526
45467CB00043B/2431
* 9 7 9 8 6 9 5 2 2 1 3 9 8 *